THAILAND
sehen & erleben

THAILAND

Fotografie: Jörg Modrow
Text: Jochen Müssig

Südwest

Inhalt

Die Bilder der Inhaltsseiten zeigen im Uhrzeigersinn Bahnfahrer bei der Überquerung des Flusses Kwai Yai (oben), den Badestrand von Ao Nang, ein Longtailboat auf dem River Kwai, Mönche am Wat Doi Suthep bei Chiang Mai, einen Elefanten und eine Tänzerin beim Blumenfest in Chiang Mai.

Das Bild auf Seite eins zeigt eine Seezigeunerin in Ko Pannyi, das Bild auf Seite zwei entstand an der Ostküste von Ko Phi Phi.

Eine Trutzburg öffnet sich   13

Harte Schale – goldener Kern   13

Im Land der Freien   16

Der König, das Herz des Landes   20

Ein stetiger Kampf   22

Acht Tugenden für ein Nirwana   25

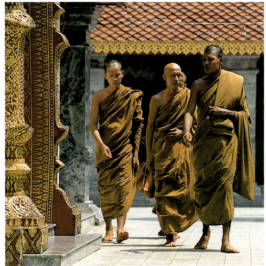

Kleiner Tiger   28

Gaumenfreuden ohne Ende   32

Feucht wie ein Schwamm   35

Die Bilder   37

Karte   120

Die schönsten Ziele im »Land der Freien und des Lächelns«   121

Boomtown in Fernost   121

Berühmte Brücke im Westen   124

Sündenbabel der Welt   125

Die Maggi-Küste   127

Das Armenhaus des Landes   128

Ruhige Stunden am Fluß   130

Im Goldenen Dreieck   134

Die Trauminseln im Süden   136

Ferieneldorado für alle   138

Monument Valley auf hoher See   140

Register   142

Impressum und Bildnachweis   143

Bereits vor den Touristen entdeckten Hollywood-Regisseure vor Jahren die reizvolle Phang-Nga-Bucht bei Phuket. Als Drehort des James-Bond-Films »007: Der Mann mit dem goldenen Colt« ist der Küstenstrich mit seinen bizarr aufragenden Felsen weltberühmt geworden (beide Bilder).

Mahlzeiten werden in Thailand gern im großen Kreis eingenommen und stehen bei Feierlichkeiten häufig im Mittelpunkt. Auch das traditionelle Drachenfest auf dem Sanam Luang, dem großen Platz vor dem Königspalast von Bangkok, klingt mit einem gemeinsamen Essen aus.

Mit keinem anderen Vehikel schlängelt man sich schneller durch den Moloch Bangkok als mit den Tuk-Tuks, den knatternden Motorrad-Rikschas. Der Fahrpreis wird vorher stets mit den Fingern ausgehandelt.

Strandschönheiten flanieren am Kata Beach an der Westküste von Phuket. Mit ihren endlosen Stränden und faszinierenden Korallenriffs zählt die größte thailändische Insel zu den beliebtesten Touristenzentren.

Ein typisches Bild aus dem Alltagsleben im Süden Thailands: Fast jedes Dorf an der Andamanen-See sieht aus wie Phi Phi Don. Pfahlbauten, die markanten Longtailboats und schlanke Kokospalmen bestimmen das Bild.

Eine Trutzburg öffnet sich

Harte Schale – goldener Kern

Sie ist sicherlich nicht die bedeutendste und gewiß auch nicht die größte unter den zigtausend Buddha-Statuen in Thailand. Aber der Buddha von Wat Trai Mit in Bangkoks Chinatown ist definitiv der wertvollste mit der kuriosesten Vergangenheit. Und er hat Geschichte mit Symbolkraft: Die Figur stammt aus dem 14. Jahrhundert, einer Zeit, in der die Burmesen zeitweise in Thailand einfielen und plünderten. Aus diesem Grund wurde die Statue mit einer unscheinbaren Gipsschicht überzogen. Die Burmesen fielen auf den Trick herein und ließen die scheinbar wertlose Figur außer acht. Der wahre Kern geriet im Laufe der Zeit aber auch bei den Thailändern in Vergessenheit. Es dauerte schließlich bis in unser Jahrhundert, und es bedurfte eines großen Zufalls, um den wahren Wert wiederzuentdecken. 1955, als der vermeintliche Gipsbuddha ins Wat Trai Mit umquartiert wurde, fiel er beim Transport versehentlich zu Boden. Der Gipsmantel zersprang, und zum Vorschein kam blankes Gold. Schnell entdeckte man, daß die Figur nicht nur vergoldet war, wie die meisten Buddhas im Land, sondern aus sage und schreibe sechs Tonnen massivem, 18karätigem Gold bestand.

Gold wird der Tourist heute selbst beim ungewöhnlichsten Zufall nicht in Thailand entdecken, aber mit viel Einfühlungsvermögen kann er Land und Leute näher kennenlernen. Manchmal muß er im ehemaligen Siam erst eine äußere Hülle sanft entfernen und vor allem viel Geduld mitbringen, aber dann zeigt sich der wahre Kern schillernd und faszinierend. Ein Moment, in dem sich dieses Land ganz über das Gefühl erschließen läßt, in dem man Thailand wirklich »sehen & erleben« kann. Ferien... endlich baden, faulenzen, Sport treiben, auf Sightseeing-Tour gehen, endlich Tropen, Exotik, endlich Phuket oder Ko Samui, endlich Ayutthaya oder Bangkok... Thailand ist in den letzten zehn Jahren zu einem der beliebtesten Fernreiseziele der Deutschen geworden und ist mit klarem Abstand die asiatische Nummer eins in der Urlauber-Gunst. Pro Jahr düsen etwa 350 000 ins Königreich. Insgesamt halten sich jährlich über sechs Millionen Touristen zwischen Chiang Mai im Norden und Hat Yai im Süden auf.

Kein Wunder, das Königreich bietet eigentlich alles, was sich über Hochglanzprospekte und Reiseveranstalterkataloge gut verkaufen und die Kundenträume wahr werden läßt: urwaldbewachsene Berglandschaften im Norden, von Palmen gesäumte Sandstrände im Süden, reiche Kulturstätten in der Landesmitte, freundliche Menschen, eine der besten Küchen der Welt und – nicht zu vergessen, weil für viele Gäste aus Europa sehr wichtig – einen hohen hygienischen Standard.

Der Fremde sieht in ärmlich wirkenden Dörfern einfachste Holzpfahlbauten mit Wellblechdächern, aber er wird auch in der Sieben-Millionen-Metropole Bangkok ähnlich windschiefe Hütten direkt neben sündhaft teuren Wolkenkratzern sowie edlen Geschäften entdecken. Thailand steht an der Schwelle zwischen Wirtschaftszentrum und Armenhaus.

Der Reiz des Landes scheint bei der Ankunft in Bangkok buchstäblich in der Luft zu liegen. Der flughafentypische Geruch von Kerosin, wohlriechende Räucherstäbchen, die Luft verpestende Dreiradtaxis und schwarze Abgaswolken produzierende Uraltbusse, duftende Dunstschwaden aus Garküchen, daß einem das Wasser im Mund zusammenläuft, und stinkendes Kanalwasser aus den verbliebenen Klongs, den Wasserstraßen der Stadt: Dies – und noch viel mehr – vermischt sich zu einem Cocktail der Gerüche. Symbolisch lassen

Am Fluß in der Nähe der Phra-Nang-Bucht graut der Morgen. Nur wenige Stunden später tummeln sich hier die Tagesausflügler, die eine Bootstour durch die faszinierende Inselwelt vor der Küste unternehmen möchten.

sie schon in den ersten Minuten erahnen, was es alles in Thailand zu erreichen, erleben und zu entdecken gibt. Und das bei Temperaturen, von denen man an kalten europäischen Wintertagen nur träumen kann, die aber, wenn man sie dann hautnah fühlt, oft ganz schön anstrengend sind. Das Thermometer pegelt sich fast das ganze Jahr bei über dreißig Grad ein. Nur selten und in wenigen Gebieten fällt es mal unter die Dreißig-Grad-Marke. Was trotz Ozonloch immer noch ganz oben auf der Urlauber-Wunschliste steht, Wärme, Sonne, Braunwerden, ist so gut wie garantiert. Beim Blick auf die Landkarte sticht die geographische Form ins Auge: Die Konturen Thailands werden oft mit denen eines Elefantenkopfs samt Rüssel verglichen. Wenn das kein Glück bringt! Gilt der mächtige Dickhäuter doch im siamesischen Königreich seit Urzeiten als Glücksbringer, während die Orchidee als Nationalblume Schönheit und Glanz symbolisiert und auch die Maschinen der staatlichen Fluggesellschaft ziert.

Auf 514 000 Quadratkilometern – das entspricht etwa der Größe Frankreichs – leben knapp sechzig Millionen Menschen, etwa so viel wie in der früheren Bundesrepublik. Und dennoch gibt es im ganzen Land trotz Entwicklung zum Massentourismusziel lediglich zwei oder drei Badeorte, die man mit Rimini, Palma de Mallorca oder Antibes vergleichen kann. Wer auf Disko und Drinks verzichtet, landet unwillkürlich im urwüchsigen Thailand. Das liegt irgendwo im fernen Nordosten, im touristisch weitgehend erschlossenen Süden, es kann aber auch in einer Soi mitten in Bangkok sein, in einer der unzähligen kleinen Seitengassen, keine zwei Minuten vom Touristentrubel auf der Sukhumvit oder Silom Road entfernt. Selbst im »Sündenbabel der Welt«, in Pattaya an der Ostküste, Thailands beliebtestem und bekanntestem Seebad, ist die traditionelle Kultur im Alltagsleben noch nicht ganz verschwunden.

An westlichen Zivilisationsgütern sollte man den Kulturverlust allerdings nicht dingfest machen. Natürlich gibt es fast überall Fernsehgeräte, selbst in einer nach stundenlanger Wanderung erreichten Hütte eines Bergstammes im Norden. Und natürlich tragen die Jungen heutzutage lieber Jeans statt Wickeltuch. Aber wenn es um die einfachsten Dinge des thailändischen Alltags geht, unterscheidet die 80jährige Bäuerin nichts vom 18jährigen Yuppie aus Bangkok, sie beziehen sich auf denselben traditionellen Verhaltenskodex. Beide grüßen mit einem der gesellschaftlichen Stellung entsprechenden Wai. Der Gruß ist eine der kennzeichnendsten sozialen Handlungsweisen, bei der der gesellschaftliche Rang eine tragende Rolle spielt. Dabei werden die Hände vor dem Gesicht gefaltet und je tiefer sich die Stirn neigt und den Händen entgegenkommt, desto mehr Respekt wird geäußert. Oder, um ein zweites Beispiel zu nennen, die Bedeutung von Kopf und Füßen: Unantastbar ist der Kopf als Sitz des Geistes. Als unwürdigste Körperstelle werden die Füße gesehen. Weder die 80jährige noch der 18jährige würden deshalb einer anderen Person über den Kopf streicheln (auch Kindern nicht!). Jeder Friseur entschuldigt sich bei seinem Kunden, bevor er sich ans Werk macht und den Kopf beim Haareschneiden zwangsläufig berühren muß. Die alte Frau oder der Yuppie würden sich auch nie so setzen, daß die Füße auf einen anderen – und schon gar nicht in Richtung eines Buddha-Bildnisses – weisen würden. Im thailändischen Parlament wurde einmal eine engagierte Frauenrechtlerin des ehrwürdigen Hauses verwiesen, weil sie entgegen der Konvention darauf beharrte, mit übereinandergeschlagenen Beinen – und damit Fußsohlen zeigend – zu sitzen!

Diese streng konservative Haltung ändert nichts daran, daß es in Thailand Probleme gibt, die es nach Tradition und Lehre des Buddhismus eigentlich gar nicht geben dürfte. Prostitution zum Beispiel, Kindesverkauf, Armut – vor allem im Nordosten des Landes –, Drogenprobleme oder Kriminalität sind nur einige Beispiele, die auch dem Touristen, der sich nur kurze Zeit im Land aufhält, mitunter ins Auge fallen.

Aber keine Angst: Thailand ist ein sicheres Reiseland und Bangkok eine Weltstadt mit der durchschnittlichen Kriminalitätsrate einer Weltmetropole. New York, Rio de Janeiro, Rom oder Berlin sind gewiß heißere Pflaster. Kapitalverbrechen – von denen Thai-Zeitungen laufend in Balkenlettern berichten – geschehen so gut wie ausschließlich unter Thailändern. Fremde werden in den seltensten Fällen Opfer. Wenn es doch einmal dazu kommt, dann handelt es sich in aller Regel um Ausländer, die meistens in sehr obskure, thaiinterne Machenschaften verwickelt sind.

Blick auf den Küstenstrich bei Krabi, der als Geheimtip unter Thailandkennern gehandelt wird: Wer einsame Badebuchten sucht, kommt hier ganz sicher auf seine Kosten.

In der malerischen Phra-Nang-Bucht können nur kleine Boote mit geringem Tiefgang bis an den Strand fahren. Vor Ort verwöhnt ein Luxushotel die Gäste nach internationalen Maßstäben.

Im Land der Freien

Es ist paradox: Thailand ist leicht erreichbar, aber doch manchmal schwer zu entdecken. Viele der europäischen Fluggesellschaften fliegen Bangkok an. Allein ab Deutschland werden wöchentlich über zwanzig Non-Stop-Verbindungen angeboten. Für die Entfernung von etwa 9000 Kilometern brauchte man früher Wochen, manchmal Monate, aber man hatte die Zeit, sich einzustellen, sich der Region und den Menschen gebietsweise zu nähern. Heute fliegt der Jumbo-Jet in knapp zwölf Stunden über die zehn Längengrade.

Am internationalen Airport Don Muang, etwa 25 Kilometer nördlich von Bangkok gelegen, arbeitet englischsprachiges Personal – am Zoll, in den Geschäften, an der Touristeninformation. Aber schon im Bus, der direkt vor dem Flughafengebäude in Richtung Innenstadt fährt, findet man nur mit Glück gerade mal einen Einheimischen, der des Englischen mächtig ist. Oder nehmen wir eine Fahrt mit dem einfachen Überlandbus in den Norden: Statt Pin-up-girls sind Bilder von Mönchen rund um den Fahrer plaziert. Kunstblumengirlanden schmiegen sich um Videogerät, Bildschirm und Rückspiegel. Für Thais ist das kein Kitsch: Vielmehr umgibt sich der Fahrer mit glücksbringenden Symbolen, die – da sind sich alle einig – in diesem Job ungeheuer wichtig sind.

Die Thailänder sind verglichen mit den Europäern in Auffassung, Mentalität und Charakter grundverschieden. »Expats«, in Thailand lebende Westler, wissen ein Lied davon zu singen. Denn im inneren Zirkel der Gesellschaft werden unverwechselbare und unversehrt erhaltene Traditionen gepflegt. Ein Fremder hat keine Chance integriert zu werden. Er ist und bleibt ein »Farang«, ein langnasiger, weißer Ausländer, auch wenn er schon zehn Jahre oder

länger im Königreich lebt. Der Weiße lernt zwar auch in seiner Kultur, daß man nicht mit Fingern auf Personen oder heilige Dinge zeigt. Aber schon mit einem belanglosen Heranwinken von jemandem fangen die Unterschiede an. Der Thai hält die Außenhand nach oben und winkt mit den Fingern nach unten, der Farang (gesprochen Falang) zeigt unschicklich die Innenhand und winkt mit den Fingern nach oben. Auch über die Stimmlage sollte man Bescheid wissen. Möglichst ruhig wird gesprochen, und selbst in Situationen, die einen aufbrausen lassen, darf der Tonfall niemals lauter werden, was Gesichtsverlust bedeuten würde. Allesamt Verhaltensweisen, die man lernen kann? Sicher, aber auch wenn der Fremde irgendwann einmal mitbekommen hat, was die Thais darunter verstehen, wenn sie sagen: »Die Augen sind das Fenster des Herzens«, gehört er nicht dazu. Mit einem Blick bekommt man sein Wechselgeld zurück, auf das man bis dahin vergeblich wartete, und mit nur

Die aufstrebende Provinzhauptstadt Krabi besitzt mit dem idyllischen Tara Park eine grüne Oase innerhalb der Stadtgrenze (oben).
Dressierte Affen drehen auf Kokosplantagen geschickt und schnell die reifen Nüsse ab und lassen sie zu Boden fallen. Die tierischen Erntehelfer sind vor allem auf Phuket und Ko Samui im Einsatz (unten).

Weißer Sand, glasklares Wasser und eine faszinierende Unterwasserwelt: Am Karon Beach, nur wenige Kilometer von Phuket entfernt, wird Wassersport großgeschrieben (oben).
Auf Ko Phi Phi laufen nachts Flotten von Longtailboats aus, um frischen Fisch anzulanden. Zum Teil wird der Fang aber auch als Trockenfisch haltbar gemacht (unten).

einem Blick ohne jeden Fingerzeig bringt man einen herannahenden Taxifahrer zu einer Vollbremsung, wenn man am Straßenrand Ausschau nach einem Wagen hält. Aber der Farang wird wohl nie einen Freund finden, mit dem er offen und ehrlich über persönliche Probleme reden kann. Und er wird kaum verstehen, daß die Thais stets vom Leben als Leiden sprechen, jeden Tag aber in vollen Zügen genießen. Für den Farang ein klarer Widerspruch, für den Thailänder nicht – und wenn es doch einer sein sollte, dann kümmert es ihn einfach nicht...

Selbst der Tourist, der nur für zwei Wochen Badeferien das Land besucht, bekommt schnell die enormen Mentalitätsunterschiede im Alltag zu spüren. Der Hotelboy sagt lächelnd einfach »yes, Sir«, obwohl er kein Wort des fremden Gastes verstanden hat. Die höflichen, fast sanften Menschen kennen kein »Nein« einem Gast gegenüber. Und deutlich zu machen, daß man Englisch nicht versteht, würde wieder Gesichtsverlust bedeuten. Das Mädchen, das mit ihrer schweren, tragbaren Grillstation am Meeressaum entlangläuft und mit dem Verkauf von Hühnchen ihr hartes Tagesgeschäft für wenige Baht verrichtet, wird durch ihre Anwesenheit ein kleines Stück vom thailändischen Armenhaus im Nordosten an die Strände der Luxushotels im Süden bringen. Und die Kinder, die lauthals »Farang! Farang!« kreischen – was in diesem Fall eigentlich nur »Guck' mal! Ein Ausländer!« bedeutet – lachen den Touristen halb aus und sind gleichzeitig entzückt darüber, daß ausgerechnet sie einem so komischen Menschen mit einer so spitzen Nase begegnen.

Die Nähe zu den Menschen ist wichtig. Aber wieviel Nähe darf man sich erlauben, um schneller mit Thailand und seinen Menschen vertraut zu werden? Und wieviel Nähe ist überhaupt möglich? Respekt ist wohl der Schlüssel zur Antwort. Respekt bedeutet in Thailand sehr viel, und Respekt sollte der Besucher beim Begrüßen zeigen, ins Gespräch einfließen und vor allem auch beim Fotografieren walten lassen. Übrigens: »Darf ich fotografieren?« heißt »Kho thai ruup?«. Man sollte sich davor hüten, ein Lächeln immer als Zustimmung für ein Foto zu interpretieren. Gelächelt wird in Thailand immer. Aber es gibt verschiedene Kategorien; im »Land des Lächelns« ist es ein Teil des Lebens. Es reicht vom erheiternden, über das danksagende und verzeihende bis zum Konflikt vermeidenden und Verlegenheit zeigenden Lächeln. Im Falle der Fotoanfrage kann es also auch heißen: »Nein, ich möchte lieber nicht abgelichtet werden.«

»Land der Freien« nennen die Thais ihr Reich. Und wenn sie von »Muang Thai« sprechen, klingt berechtigter Stolz mit. In ihrer Nationalhymne heißt es unter anderem: »Jeder Zentimeter Thailands gehört den Thais. Das Land hat seine Unabhän-

Mächtige Yaks, Wächterfiguren mit furchteinflößenden Fratzen, bewachen die Tore des Wat Phra Kaeo in Bangkok. Die gewaltige Tempelanlage, die als eine der Hauptattraktionen Südostasiens gilt, wird mit großer Sorgfalt instand gehalten (beide Bilder).

gigkeit gewahrt, weil die Thais stets vereint waren. Niemandem werden sie erlauben, sie ihrer Unabhängigkeit zu berauben.«

Abgesehen von einer sehr kurzen Zeit unter dem Joch der Burmesen, war Thailand nie besetzt. Auch in der Zeit, als ringsherum die europäischen Kolonialmächte ihre Pfründe verteilten, war Thailand eine freie Nation. Vielleicht ist das auch ein Grund, warum die Thais allen Fremden unvoreingenommen freundlich, zum Teil sogar herzlich begegnen. »Mai pen arai«, »das macht doch nichts«, lautet stets die verständnisvolle Antwort, wenn dem Gast ein Lapsus passiert ist. »Mai pen arai« zeigt die große Toleranz und den Gleichmut der Thais. Und dieser Satz sollte auch Schlüsselfunktion für den Farang bekommen, wenn es im Restaurant, im Hotel oder am Ticketschalter der Bahn einmal nicht so läuft, wie man es von zuhause gewohnt ist. Gesellschaftlich gehört das Königreich ebenfalls zu den freiesten Nationen im asiatischen Raum. Strenge Hierarchien gibt es zwar auch hier, aber sie sind längst nicht so radikal wie das Kastensystem in Indien oder der bedingungslose Gehorsam in Japan. China gilt als Herkunftsland der Thais. Sie machten aber nur Anleihen bei der chinesischen Zivilisation und erzeugten eine eigenständige Mischkultur. Nirgendwo auf der Welt sind die Chinesen, die sich sonst in den Großstädten in ihr unverwechselbares, abgeschlossenes Chinatown-Schneckenhaus zurückziehen, so integriert wie in Thailand. Rund sechs Millionen von ihnen leben im Königreich. Und nur das geübte Auge des erfahrenen Reisenden erkennt in Thailand einen Chinesen. Einen Neuling könnte man in Bangkoks Chinatown aussetzen und er würde es mutmaßlich nicht als Chinatown identifizieren. Auch die Malaien, Laoten und Khmer sind in den grenznahen Regionen zu ihrer Heimat weitgehend integriert. Nur die Bergvölker im Norden führen ein eigenes Leben mit eigenständiger Kultur

Die Thais gehen das Leben lässig, spontan, sorglos und mit viel Spaß an. »Sanuk« heißt »Spaß«, und Sanuk bestimmt das Leben. In wohl keiner anderen Sprache gibt es für die Begriffe Arbeit und Feiern nur ein Wort. »Ngan« steht auf Thai für beides... Alles zu seiner Zeit und an seinem Ort – das gibt es in Thailand nicht. Essen, Schlafen, Arbeiten und Feiern gehen vielfach ineinander über. Auf dem Land, aber auch in vielen kleinen Geschäften in der Hauptstadt oder der Provinz: Die Läden sind Arbeitsplatz, Wohnstube und Schlafzimmer zugleich, teilweise rund um die Uhr geöffnet. Man darf sich deshalb nicht wundern, wenn man den Besitzer zwischen übervollen Regalen und endlosem Durcheinander erst finden und dann auch noch wecken muß. Das Geschäft ist eben auch sein Schlafzimmer. Er wird nicht böse sein und seinen Kunden zwar schlaftrunken, aber dennoch höflich bedienen.

Auch Glück ist einer der elementaren Bestandteile des thailändischen Denkens. Glück hängt von einem exakt vorausgeplanten Zeitpunkt ab, etwa bei der Eheschließung. Vom Glück ist auch der Wehrdienst abhängig. Ein schwarzes Los heißt: Marschbefehl. Ein rotes Los heißt: davongekommen. Vielfach vermischen sich auch Glück, (Aber-)Glaube und Religion. Beim innigen Gebet, etwa am Erawan-Schrein in Bangkok, erbitten Mädchen im Heiratsalter ihr Familienglück. Ist die junge Frau dann schwanger, soll sie sich unter dem Bauch eines Elefanten durchbücken, weil das Glück für den Nachwuchs beschert. Während der Morgenstunden, wenn die Mönche ihren Tagesbedarf einsammeln, wird der Mönch als Glücksbringer um die Nennung von Zahlen gebeten, die bei der nächsten Lotterie ausprobiert werden. Das Sai Sing, ein weißes Fadenarmband, das ein Mönch am rechten Handgelenk zum Beispiel nach einem gemeinsamen Gebet verknotet hat, bringt Sicherheit und Gesundheit. Auch ein Farang sollte das Stoffbändchen wenigstens drei Tage tragen, denn die Drei gilt als eine magische Zahl... Eine andere ungeschriebene Regel wird ebenfalls peinlichst genau beachtet. Bordelle sind in ganz Thailand übliche Einrichtungen, die meist Nummern statt Namen erhalten und daran auch für jeden erkennbar sind. Bis auf eine Nummer wird man auch alle Zahlenkombinationen bis hundert finden. Die Ausnahme? 69, sie ist den Thais zu anzüglich.

Das Sexgewerbe ist ein trauriges Kapitel im »Land der Freien und des Lächelns«, das aber vielleicht aufgrund der immer weiter um sich greifenden Bedrohung durch AIDS in Zukunft doch an Attraktivität einbüßen könnte. Viele der Mädchen kommen aus dem armen Nordosten, dem Isan. Zum Teil wurden sie von ihren Eltern für maximal 15000 Baht, knapp 2000 Mark, verkauft,

um die schlimmste Not der Familie zu lindern, zum Teil haben sie sich selbständig aufgemacht, um ihr Glück zu finden oder um wenigstens etwas mehr Geld zu verdienen als auf dem Reisfeld. Die meisten landen dann jedoch in verruchten Bars und verlieren Gesicht und Ansehen.

Aber auch für solche Fälle gibt es in Thailand Mittel und Wege: Durch die monatlichen Schecks nach Hause ist eine Rückkehr in das heimatliche Dorf nicht ausgeschlossen. Pragmatismus geht auch in diesen Dingen vor. Thailand gilt neben den Philippinen in Asien als Mekka für Sextouristen. Bordelle gibt es aber nicht erst seit den amerikanischen GIs, die während des Krieges aus Vietnam zur Erholung nach Thailand geschickt wurden, und nicht nur in Bangkok oder Pattaya. In jedem noch so verschlafenen Dorf findet sich ein Freudenhaus, denn der Gang dorthin ist für thailändische Männer eine Selbstverständlichkeit. Sie leisten sich gern Nebenfrauen, Mätressen oder Dirnen. Die

Der Sanam Luang direkt vor den weißen Mauern des Königspalastes ist Bangkoks Paradeareal und eine Wiese für alle (oben).
Ein Blick in eine Seitenstraße, und das moderne Bangkok scheint meilenweit entfernt: Hier werden die Waren noch an einer Stange in Bambuskörbchen befördert (unten).

früheren Könige sollen sogar bis zu vierzig Frauen gehabt haben. Dies wird gesellschaftlich toleriert, obgleich – kaum zu glauben, aber wahr – Prostitution gesetzlich verboten ist. Das geschriebene Gesetz ist nur eine Frage geschickter Interpretation und der richtigen Bestechungssumme. Service-Girls heißen die leichten Mädchen deshalb auch offiziell und unverfänglich. Schließlich kann Service alles bedeuten. Insgesamt gesehen ist die Stellung der Frau im thailändischen Alltag eine untergeordnete. Auch heute noch werden Frauen die »Hinterbeine des Elefanten« genannt. Das Bild veranschaulicht die ökonomisch gleichrangige Bedeutung, aber auch den angestammten Platz hinter dem Mann. Ein thailändischer Mann würde zum Beispiel nicht unter einer Leine durchgehen, wenn an dieser Damenwäsche zum Trocknen hängt. Sein Kopf könnte von der frischen Wäsche befleckt werden. Genauen Beobachtern wird auffallen, daß deshalb Damenwäsche stets sehr niedrig aufgehängt wird.

Der König, das Herz des Landes

In der menschlichen Hierarchie steht unangefochten über allen der König. Offiziell wird er zwar nicht mehr als gottgleich angesehen, aber in der Gesellschaft wird ihm so viel Ehre zuteil, daß man meinen könnte, er stehe auf einer geheiligten Stufe gemeinsam mit Buddha: Das Volk bezeichnet ihn als »Gott, der über dem Haupt verweilt«. Bei Audienzen sitzt man ihm zu Füßen. Das gilt sogar für den Premierminister, für Militärgeneräle und andere hochgestellte Persönlichkeiten des öffentlichen Lebens. Wenn etwas überreicht wird, muß der Kopf eingezogen werden, und das zu Überreichende wird über dem Kopf gehalten. Der König ist im ganzen Land allgegenwärtig. Kein Raum ohne Bildnis von ihm – und sei es eine noch so schäbige

Bretterbude in einem Slumviertel von Bangkok. Um Punkt acht Uhr ruht beinahe das komplette Leben im Land. Im Radio und aus öffentlichen Lautsprechern wird die Königshymne gespielt und die Nation steht still: auf Bahnhöfen, in Ämtern, an der Universität und anderen Schulen. Um 18 Uhr wiederholt sich die gleiche Szene, bei der auch von Ausländern respektvolles Verhalten erwartet wird. Desgleichen sollte man im Kino aufstehen, wenn vor jedem Film die gleiche Hymne gespielt wird, die in diesem Fall der Ehrung der bildlichen Wiedergaben des Königs dient. Ein Gesetz aus den zwanziger Jahren besagt, daß weiße Elefanten als Glücksbringer sofort dem König übergeben werden müssen. Der blaue Streifen in der thailändischen Flagge symbolisiert das Herz des Landes, den König. Parallel zu diesem etwas breiteren Mittelstreifen laufen zwei schmalere weiße, die für den Buddhismus stehen, und zwei rote, die die Nation symbolisieren. Der König prangt auf Briefmarken, auf

Bangkok widersetzt sich jeder systematischen Stadtplanung, und seit den fünfziger Jahren reißt der Bauboom nicht ab. Doch die Betonriesen, die überall wie Pilze aus dem Boden schießen, stehen auf tönernen Füßen – auf Schlammland (oben). Beschaulich geht es im historischen Teil Bangkoks zu: Mönche am Anlegesteg von Wat Arun (unten).

Eines der Wahrzeichen von Bangkok ist der Chedi von Wat Arun, der den Berg Meru als Mittelpunkt des Universums darstellen soll. Die gesamte Anlage ist im Khmer-Stil erbaut und gehört zu den schönsten Tempeln der Millionenstadt.

jedem Geldschein und auf jeder Münze. Man darf das Geld natürlich im Portemonnaie verstauen, in die Hosen- oder Brusttasche stecken, aber man sollte niemals darauf treten. Auch nicht, wenn ein Geldschein heruntergefallen ist, und ein Windstoß droht, ihn wegzublasen. Füße auf einem Bildnis des Königs: Das ginge entschieden zu weit! Eine solche Situation könnte für einen Fremden der schlimmste Fauxpas sein, den er, ohne es zu wissen, begehen kann. Die Thailänder schauen über viele Fettnäpfchen hinweg, in die insbesondere Westler tappen, aber einen solchen Fehltritt würde niemand freundlich lächelnd überbrücken. Auf ein höfliches »mai pen arai« darf in diesem Fall nicht gehofft werden. So mancher westliche Ausländer mag diese Hochachtung im ausgehenden 20. Jahrhundert als nicht mehr zeitgemäß, in manchen Fällen fast schon als götzenhafte Verehrung abqualifizieren, für die Thais ist dies aber weder unmodern noch ein lästiges Pflichtritual.

Nach der demokratischen Verfassung von 1932 geht die Macht vom Volke aus. Die absolute Monarchie gehört seitdem der Vergangenheit an. Aber trotzdem hat der derzeitige König Bhumibol Adulyadej in der Bevölkerung eine Stellung, die Regierung, Militär und Wirtschaft in allen Belangen in den Schatten stellt.

König Bhumibol (gesprochen Pumipon) wurde am 5. Dezember 1927 in den USA geboren, kam schon im Jünglingsalter von 19 Jahren auf den Thron und ist seitdem in Amt und Würden. 1996 wurde im ganzen Land das 50jährige Thronjubiläum gefeiert. Während dieser langen Periode gab er sich immer vergleichsweise volksnah, setzte sich besonders in den letzten Jahren vehement für ökologische Projekte und neue Wege in der Landwirtschaft ein. Besonders im Norden förderte die königliche Entwicklungshilfe den Anbau von Obst, Gemüse und Kaffee statt dem traditionellen Mohn zur Opiumgewinnung. Keine andere Person hätte unter wechselnden Militärregierungen solche Erfolge verzeichnen können. Der Monarch zeigt sich als praktischer Mensch und interessierter Wissenschaftler, der auch mal mit Gummistiefeln und in Arbeitskleidung die Dörfer der Bergvölker besucht und erfolgreiche Überzeugsarbeit leistet. Obgleich der König mit seiner Frau, Königin Sirikit, und seiner Familie im Chitralada-Palast an der Ayutthaya Road im nördlichen Zentrum Bangkoks wohnt, hat der Monarch in allen Provinzen des Landes Residenzen, die er regelmäßig aufsucht, um so die Nähe zu allen Untertanen zu demonstrieren. König Bhumibol ist ein Herrscher, den sein Volk liebt und der für die Seinen ohne Allüren stets da ist. Aus der Politik versucht sich der König weitgehend herauszuhalten. Er eröffnet verfassungsgemäß die Parlamentssitzungen und übernimmt vor allem repräsentative und zeremonielle Aufgaben.

Von der tiefen Religiosität der Thais zeugen zahllose Buddha-Figuren, die hoch verehrt werden (beide Bilder). Die Statue im Bergtempel des Doi Suthep ist mit Blattgold und Münzen geradezu »verpflastert« (oben). Thais sehen im Opfern eine gute Tat, die im späteren Leben honoriert wird.

Aber von seiten der Politiker wird er immer wieder indirekt ins Geschehen miteinbezogen. Die rund zwanzig Putsche, die König Bhumibol seit seiner Thronbesteigung 1946 miterlebt hat, zeigten jedesmal, daß die neuen Machthaber die Gunst des Königs suchen. Denn wer die Gunst des Königs besitzt, besitzt in Thailand die Gunst des Volkes. Umgekehrt heißt es aber auch: Wer Wünsche des Königs nicht respektiert, hat das Volk gegen sich. So manche Regierungschefs mußten schon erhebliche Abstriche von ihrem ursprünglichen Regierungsprogramm machen.

Welche Macht der Monarch hat, zeigten Fernsehbilder von der politischen Krise im Mai 1992, die auch in Europa ausgestrahlt wurden. »Bangkok brennt«, schrieben die Zeitungen. Bangkok brennt, dokumentierten die Fernsehaufnahmen. Zwar waren, wie bei vielen Demonstrationen, der riesige Platz Sanam Luang vor Wat Phra Kaeo und die zwölfspurige Straße Ratchadamnoen Klang mit dem Democracy Monument in der Mitte die einzigen Orte, an denen Blut vergossen wurde und Autos in Flammen aufgingen. Aber der sogenannte »Schwarze Mai« brachte Bangkok, ja ganz Thailand, mit Schlagzeilen über den Aufruhr in die Weltpresse. An die 200 000 Demonstranten forderten den Rücktritt von Suchinda Kraprayoon als Premierminister. Nach den nationalen Wahlen vom März 1992 wurde der Militärchef ernannt, obwohl er kein gewähltes Mitglied des Parlaments war. Suchinda, später als »Schlächter von Bangkok« verachtet, ließ mit Maschinengewehrsalven in die Menge feuern und etwa 2000 Demonstranten verhaften und mißhandeln. Die Opposition um Chamlong Srimuang ließ sich jedoch nicht unterkriegen oder einschüchtern. Die Ausschreitungen hielten an – bis König Bhumibol dem Gemetzel eine Ende bereitete. Er zitierte Suchinda und Chamlong zu sich und appellierte in einer Fernsehansprache für das Ende der brutalen Auseinandersetzungen. Die beiden Politiker kauerten mit gefalteten Händen wie kleine Schulbuben zu Füßen des großen Königs, und der ganze Spuk war sofort vorbei. Auch der höchste Militär und Premierminister wagte es nicht, dem Wunsch des Königs zu widersprechen. Suchinda verkündete seinen baldigen Rücktritt, und der König hatte sich mit Vehemenz als die große Integrationsfigur in der thailändischen Gesellschaft behauptet.

Insgesamt verlor das Militär, das 1932 putschte und auch in den folgenden Regierungen stets kräftig mitmischte, viel an Respekt im Volk. Es war nie sehr beliebt, und großer Argwohn herrschte bei jeder der Regierungsbeteiligungen. Aber wenn in den nächsten Jahren die bislang noch sehr umstrittene Thronfolge zur Zufriedenheit aller geklärt würde, könnte dieser immense Respektsverlust in Zukunft eine konstitutionelle Monarchie ohne politische Mitwirkung des Militärs bedeuten. Und das würde wiederum der nur allmählich vorankommenden Demokratisierung nach westlichem Muster einen kräftigen Schwung geben.

Ein stetiger Kampf

Die Geschichte Thailands beginnt eigentlich im fünften Jahrhundert vor unserer Zeitrechnung. Archäologische Funde in den sechziger Jahren unseres Jahrhunderts belegen, daß an der Fundstelle in Ban Chiang in Nordost-Thailand aufgrund der ausgegrabenen landwirtschaftlichen Gerätschaften aus Stein vermutlich Reis angebaut wurde – noch vor den Chinesen. Früher als die Mesopotamier schmiedete man damals in dieser Gegend auch bereits Waffen. Die Menschen hielten sich Haustiere und schufen reichverzierte Keramikgefäße. Diese Funde waren so bahnbrechend, daß sich die Wissenschaft nicht mehr darüber im klaren ist, ob die ältesten Kulturen Asiens tatsächlich im heutigen China beheimatet waren.

Wer sich näher für diese vorchristlichen Ursprünge interessiert, sollte es nicht versäumen, in Ban Chiang, etwa eine Busstunde östlich von Udon Thani gelegen, das hervorragend aufgebaute Museum zu besuchen. Die Informationstafeln sind auch in Englisch beschriftet.

Das erste politisch relevante Eckdatum ist 1238: die Gründung des Königreichs Sukhothai. Im Ausland wurde bis zur Umbenennung 1939 von Thailand nahezu ausschließlich als Siam gesprochen. Die Thais selbst benannten ihr Königreich jedoch immer nach den jeweiligen Hauptstädten. 1238 wurden die bis dato herrschenden Khmer aus Sukhothai vertrieben. »Die Dämmerung des Glücks« – so begann die Übersetzung von Sukhothai. König Khamheng, der Tapfere, ging als Vater Thailands in die Annalen ein. Im 13. Jahrhundert dominierte das Sukhothai-Reich die Region. Rund hundert Jahre später, 1351, wurde das Ayutthaya-Reich gegründet. Es war für den Fall des Großreichs der Khmer, das sogenannte Angkor, verantwortlich und annektierte auch Sukhothai. Unter der Herrschaft von König Trailok formierte man erstmals den gesamten Staatsapparat. Die einzelnen Provinzen wurden unter die Kontrolle des zentralen Regierungssystems in Ayutthaya gebracht. Gesetze und vor allem ein umfassender Strafenkatalog dienten der Stärkung der Macht des Hofes. Wer bei einer Audienz des Königs zu flüstern wagte, wurde mit dem Tod bestraft, wer mit dem Fuß gegen eine Palasttüre stieß, dem wurde das Bein abgehackt.

Mitte des Jahrtausends drangen langsam die Europäer bis Siam vor. Portugal durfte 1511 eine Art diplomatische Vertretung

eröffnen. Andere europäische Länder zogen nach. Die Bedeutung Ayutthayas wuchs in dieser Zeit enorm: Das Reich erlangte langsam den Status einer Weltmacht.

Im 17. Jahrhundert reiste eine Thai-Delegation erstmals nach Europa. In Den Haag in Holland sprachen Delegierte über die weitere Vertiefung der Handelsbeziehungen. Als schwarzes Jahr in die Geschichte des Landes ging 1767 ein. Die Burmesen eroberten nach gut einjähriger Belagerung Ayutthaya und zerstörten es fast vollständig. Buddha-Statuen wurden eingeschmolzen, Tempel geplündert und die Menschen getötet oder als Gefangene verschleppt. Ein junger Mann namens Tak Sin entkam dem Gemetzel, scharte zunächst ein paar Getreue um sich, baute dann im Exil im Süden eine Armee auf und vertrieb schon sieben Monate später die martialischen Burmesen. Tak Sin entschied zugleich die Verlegung des Hauptstadtsitzes. Ein kleines Dorf in Meeresnähe, von den Franzosen mit Befestigungsanlagen ausgestattet,

Bei Chiang Mai liegt das Bergheiligtum Wat Doi Suthep, dessen Zentrum der goldene Chedi aus dem 16. Jahrhundert ist (oben).
Die florale Ornamentik, mit der viele Tempelfassaden geschmückt sind, findet in der üppigen tropischen Vegetation des Landes ihr Gegenstück (unten, Dachgiebel eines Tempels bei Chiang Rai).

Farbenprächtige Sonnenschirme werden aus dem Dorf Bo Sang in der Nähe von Chiang Mai in die ganze Welt exportiert. Touristen können ihr ganz persönliches Muster auch selbst kreieren und sich das »Kunstwerk« nach Hause schicken lassen (oben). Als Symbol der entstehenden Erde spielt der Lotus auch in der buddhistischen Religion eine Rolle (unten).

sollte Sitz des neuen Reiches werden. Der Name war Thonburi. Tak Sin ließ sich im Schwesterdorf von Bangkok zum König ernennen. In Windeseile baute er ein neues Imperium auf, verfiel aber bald einem religiösen Größenwahn, sah sich schon als Buddha, und wurde auf Befehl der Generalität 1782 hingerichtet.

General Chakri verlegte die Hauptstadt nun nach Bangkok und leitete als Rama I. eine neue Hochkultur ein. Alle noch vorhandenen Bildnisse, Zeugnisse und Buddha-Figuren wurden von Sukhothai und Ayutthaya nach Bangkok gebracht. Man ließ die wichtigsten Handwerker zusammenkommen und beauftragte sie mit dem Bau des ersten großen Gebäudes der neuen Hauptstadt: Wat Phra Kaeo, der Tempel des Smaragd-Buddhas, noch heute die größte Sehenswürdigkeit Bangkoks.

An die bereits im Ayutthaya-Reich praktizierte Öffnung gegenüber dem Westen knüpfte zunächst König Rama IV. an. Dessen Sohn Chulalongkorn war erst 15 Jahre alt, als er den Thron besteigen mußte, weil sein Vater an Malaria starb. Die Herrschaft von Rama V. ging als Revolution von oben in die Geschichtsbücher ein. Er schaffte Sklaverei und Frondienste Schritt für Schritt ab, gewährte den Hofbeamten bei Audienzen Platz auf Stühlen und ließ sich nicht zuletzt von ausländischen Beratern Hinweise geben, wie ein funktionierendes Schul-, Gesundheits- und Verkehrssystem aufzubauen sei. Zweimal reiste der König sogar selbst nach Europa und besuchte dabei auch die Stadt Heidelberg. Außenpolitisch gelang es ihm, in Zeiten des Kolonialismus Siams Unabhängigkeit zu wahren. Zwar mußte Rama V. seine Ansprüche auf Laos und Kambodscha an die Franzosen und Teile der malaiischen Halbinsel an Großbritannien abtreten, das Kernland aber ließen die westlichen Kolonialgroßmächte unangetastet. 42 Jahre regierte Rama V. und war damit – abgesehen vom derzeitigen König Bhumibol Adulyadej – länger Monarch als jeder andere.

Im Ersten Weltkrieg gab sich das Land neutral. Auf der Versailler Friedenskonferenz wehte die bis dahin gültige rote Nationalflagge mit einem weißen Elefanten in der Mitte. Da der Albino-Dickhäuter nicht als Elefant erkannt wurde, entschied sich Rama VI., die Flagge zu ändern. Das dann kreierte rot-weiß-blau-gestreifte Banner hat bis heute Gültigkeit.

Der 24. Juni 1932 wird mit Sicherheit als wichtigster Tag in die nationale Geschichte Thailands in diesem Jahrhundert eingehen. Militärs und westlich geschulte Intellektuelle schafften mit einem Staatsstreich in einer unblutigen Revolution die absolute Monarchie ab, regierten in der neu konstruierten konstitutionellen Monarchie aber zunächst wie Diktatoren, obgleich die Verfassung allgemeines Wahlrecht und freie Wahlen versprach. Siam wurde in Thailand umbenannt. Und gleichzeitig wurde im »Land der Freien« das Kauen von Betelnuß, das seit Urzeiten üblich war, verboten. Die neuen Machthaber ordneten das Tragen von Hüten und Schuhen an.

Im Zweiten Weltkrieg konnten die »Freien« trotz zeitweiliger Belagerung durch die Japaner weitgehend selbständig manövrieren. Thailands Botschafter in den USA übergab zum Beispiel nie die offizielle thailändische Kriegserklärung, weil ihm klar war, daß diese nur unter dem Druck der Japaner zustande gekommen sein konnte. Die USA ihrerseits verzichteten deshalb 1945 auf Entschädigung und unterstützten den in der Folgezeit gefahrenen prowestlichen, antikommunistischen Kurs in der Wirtschafts- und Außenpolitik unter der konstitutionellen Monarchie von König Bhumibol Adulyadej. Während des Vietnamkriegs stellte Thailand den Amerikanern entgegenkommend sogar seine Luftwaffenbasen zur Verfügung.

Im Lauf der kommenden Jahrzehnte wurde Thailand immer wieder durch Staatsstreiche erschüttert. 1971 riefen die Militärs sogar das Kriegsrecht aus, das König Bhumibol erst zwei Jahre wieder später außer Kraft setzte.

Auch 1981, ein Jahr vor Bangkoks rauschendem 200jährigem Jubiläum als Landeshauptstadt, und 1992 griff König Bhumibol massiv ins aktuelle Politgeschehen ein, um einerseits einen Putsch zu vermeiden und andererseits einen Premierminister zum Rücktritt zu zwingen.

Acht Tugenden für ein Nirwana

Da Thailand seine politische Unabhängigkeit weitgehend wahren konnte, wurde die Religionsfrage nie stark von äußeren Einflüssen bestimmt. Seit dem Sukhothai-Reich im 13. Jahrhundert ist der Buddhismus eine Art Staatsreligion, obgleich die Glaubensfreiheit in der Verfassung fest verankert ist. König Khamheng holte Mönche aus Ceylon ins Land, um den Buddhismus zu verbreiten. Die Anhänger der Lehren von Siddharta Gautama, der um 450 v. Chr. geboren wurde, weisen den Weg auf der Suche nach dem Sinn des Lebens. Acht Tugenden sind dabei von Bedeutung: die richtige Erkenntnis, rechtes Denken, rechte Rede, rechte Taten, rechter Lebenserwerb, rechtes Streben, rechte Aufmerksamkeit und rechte Konzentration. Jede Tat wirkt nach buddhistischer Lehre auf das Karma, das Schicksal. Und je mehr Gutes im jetzigen Leben getan wird, desto besser ist das Karma im nächsten. Die wünschenswerteste Stufe ist das Nirwana, der Zustand der vollendeten Ruhe und des wunschlosen Glücks. Siddharta Gautamas Abschwören von Extremen und die Ausgeglichenheit zwischen Denken und Handeln ließ ihn zum Erleuchteten, zu Buddha, werden. Die Legende besagt, daß er 500 Lebenszyklen benötigte, um das Nirwana zu erreichen. Buddha ist kein Gott, eher ein Übervater, dessen Ratschläge über jeden Zweifel erhaben sind.

Der Buddhismus ist vielleicht die toleranteste der Weltreligionen. 95 Prozent der Thailänder sind Buddhisten. Die wenigen Andersgläubigen bekennen sich als Muslime oder Christen, sind in der Gesellschaft aber gleichgestellt und akzeptiert.

Einmal im Leben begeben sich fast alle heranwachsenden Männer mindestens für ein paar Wochen als Geste des guten Willens ins Kloster. Jeder Klostereintritt beginnt mit dem rituellen Haareschneiden. Ein geschorener Schädel und rasierte Augenbrauen symbolisieren Reinheit. Dann ist der Novize an das Zölibat und an 227 weitere Gelübde gebunden. Es beginnt damit, daß der junge Mönch nicht mehr in einem weichen Bett schlafen darf und sich frühmorgens sein Essen mit einer Opferschale ersammeln und bis zwölf Uhr geges-

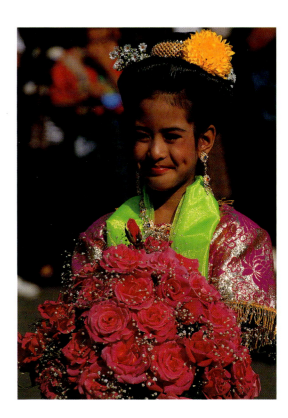

Die Wahl der Schönheitskönigin ist einer der Höhepunkte beim Blumenfestival in Chiang Mai, das alljährlich am ersten Februarwochenende stattfindet. Vor allem wegen der wundervoll geschmückten Festwagen ist das Spektakel auch eine beliebte Touristenattraktion (beide Bilder).

Die übliche Opfergabe der Thais besteht aus drei Opferstäbchen, die Buddha, der Lehre und der klösterlichen Ordnung gewidmet sind (oben). Bei den Bergstämmen im Goldenen Dreieck bei Chiang Rai wird schon bei den Jüngsten Wert auf den bunten Kopfschmuck gelegt (unten). Für ein kleines Trinkgeld posiert ein Akha gern für den Fotografen (rechts).

sen haben muß. Den Novizen wird – ebenso wie natürlich den Mönchen – höchster Respekt gezollt. Der Mönch ist ein leuchtendes Beispiel für Tugend und gilt als Stellvertreter Buddhas. Der vordere Sitzplatz im Bus ist für ihn reserviert. Man sollte nie stehend einen sitzenden Mönch überragen, ihm auch nicht gleichauf gegenüberhocken, sondern versuchen, sich etwas niedriger zu plazieren. Wie sehr Mönche geachtet werden, zeigte eine Szene während der demokratischen Revolte von 1973, als eine Gruppe Mönche im offenen Wagen mitten durch die Feuerlinie zwischen Staatsgewalt und Studenten fuhr. Keiner der Mönche wurde verletzt, geschweige denn erschossen. Es gibt kein schlimmeres Vergehen für einen Buddhisten, als einen Mönch zu töten, auch wenn es nur ein Unfall war.

Auf den Dörfern übernehmen die Mönche unter anderem weltliche Aufgaben. Sie unterrichten die Kinder, regen aber auch kommunalpolitische Diskussionen über eine Brunnengrabung oder etwa einen Dammbau an. Religion dokumentiert sich in Thailand fast allgegenwärtig: in den Tempelanlagen, wo Räucherstäbchen und Blattgold geopfert werden und mit gefalteten Händen und geschlossenen Augen gebetet wird. Im Alltag, wo jedes Auto und jedes Haus mit Devotionalien geschmückt ist. Und wo auch animistische Elemente Eingang gefunden haben. Geisterhäuschen zum Beispiel stehen überall vor jedem Gebäude. Sie dienen aber keineswegs der Zierde. Nach dem Motto »jeder braucht ein Dach über dem Kopf« sollen sie den Schutzgeist des Grundstücks beherbergen. Die filigran gearbeiteten Häuschen werden mit Blumen geschmückt, und wer es sich leisten kann, sorgt sogar für Vollpension. Denn Früchte oder ganze Mahlzeiten machen die Geister besonders sanftmütig und bringen viel Glück für Grund und Boden. Aber auch in der Kunst spielt die Religion eine tragende Rolle. Die Darstellung von Buddha gehört seit Jahrhunderten zu gängigen Schemata. Heutzutage findet der Besucher überall im Land verstreut sogar Buddha-Figuren-Fabriken. Drei Darstellungsformen des Erleuchteten sind in der Baukunst zu unterscheiden: der sitzende Buddha, der meditiert, der stehende Buddha, der segnet, und der liegende Buddha, der ins Nirwana übergeht. Außerdem wird die plastische Kunst geprägt von mythologischen, oft dämonisch wirkenden Wesen, die in jedem Tempel zu sehen sind.

Die Sukhothai-Periode wurde vorwiegend von ceylonesischen Baumustern geprägt. Gerade die glockenförmig zulaufenden Stupas, in Thailand oft auch als Chedi bezeichnet, in den Tempelanlagen sind das beste Beispiel. In der Ayutthaya-Periode wurden dagegen vielmehr die Einflüsse der Khmer-Kunst deutlich, zu sehen an den Prangs, Ziertürmen, die an die Bauweise hinduistischer Anlagen erinnern. Die letzte große Epoche der thailändischen religiös beeinflußten Kunstentwicklung ist die Bangkok-Periode. Hier spürt man deutlich Einflüsse aus Europa, aber auch chinesische Elemente.

Die weltliche Baukunst brachte eine der frühesten Fertigbauweisen hervor. Das traditionelle Thai-Haus ist aus Teakholzbrettern gefertigt, die rasch abgebaut und an anderer Stelle wieder zusammengefügt werden können. Eines der besten Beispiele dafür ist das Jim-Thompson-Haus in Bangkok, das in der Nähe der Rama I. Road auf Höhe des Siam Center steht.

In der Malerei sind religiöse Motive ebenso wie in der Baukunst keine Seltenheit. Szenen aus den 500 Leben Buddhas wurden ebenso gemalt wie Königsbilder oder Landschafts- und Naturwerke.

Die Legenden um Buddhas Leben waren auch in der Literatur lange Zeit das vorherrschende Thema. Besonders die Chakri-Dynastie, 1782 von Rama I. begründet, pflegte von Rama I., Rama II., Rama IV. bis zu Rama V. die literarische Kunst. Die Könige verfaßten selbst Werke und unterstützten die höfische Dichtkunst intensiv. Rama I. versuchte sich beispielsweise an der thailändischen Version des indischen Ramayana-Epos, die Rama II. schließlich zum Ramakien, einem Vers-Epos, vollendete. Und Rama V. Chulalongkorn gehört bis heute zu den maßgeblichsten Schriftstellern des Landes. Das Ramayana ist auch in der Rubrik Tanz und Theater eine tragende Säule. Schattenspiele, das Maskenspiel und das klassische Tanzdrama werden durchzogen von moralisierenden Motiven, wogegen sich die Volkstänze und -stücke eher mit der Geschichte und dem Alltag des Landes befassen.

Die traditionelle Thai-Musik entstand in der Ayutthaya-Epoche, wurde aber nicht durch die Religion beeinflußt. Im Gegensatz zum Christentum spielt Musik in

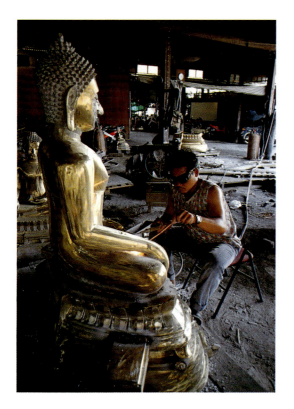

Buddha-Statuen werden in Stein, Holz oder Ziegelstein gefertigt und mit Gips, Kupfer, Bronze oder Gold überzogen. Fabriken wie hier in Phitsanulok findet man überall in Thailand (oben).
Viele Mönche leiten in abgelegenen Regionen Dorfschulen – da ist ein Mobiltelefon eine willkommene »Segnung« des Industriezeitalters (unten).

buddhistischen Tempeln keine wichtige Rolle. Allein der große Gong, oft zwischen zwei Stoßzähnen von Elefanten aufgehängt, findet sich in jedem Wat zur Anküdigung großer Ereignisse. Fünf Tonstufen sind kennzeichnend, eine Notenschrift gab es jedoch bis weit in dieses Jahrhundert hinein nicht.

Heutzutage stellt zumindest in der Provinz oft genug das Kino die einzige Unterhaltungsmöglichkeit dar. Dementsprechend verehrt werden die Schauspielstars, die von riesigen, manchmal noch handgemalten Plakatwänden auf ihre treuen Fans herunterblicken. Jeder der Topakteure dreht bis zu vierzig Filmen pro Jahr, die Handlung ist fast immer die gleiche: Armes Mädchen verliebt sich in reichen Jungen oder umgekehrt. Nach allen Irrungen und Wirrungen folgt das Happy-End – im thailändischen Kino ein absolutes Muß.

Der Tourist wird sich bei seinem Thailand-Besuch wohl kaum den Schmachtstreifen, aber um so mehr den Handwerkskünsten widmen. Die dekorativsten Souvenirs sind Silber- und Bronzeschmuck, Edelsteine aus Kanchanaburi, Lackarbeiten, die allerdings zum Teil aus Vietnam stammen, Masken und Schattenspiel-Figuren, Porzellan, Keramik, Korbwaren, die berühmten handbemalten Sonnenschirme aus Bo Sang im Norden des Landes und die noch bekannteren Erzeugnisse der Seidenweberei. Wer auf Mitbringsel-Jagd geht, sollte wissen, daß Thai-Seide auch heute noch handgespult und -gewoben wird, so daß der Stoff ungleichmäßiger als maschinell gewebte Seide erscheint. Häufig ergeben sich sogar kleine Knötchen, die typisch für Thai-Seide sind. Wichtig auch: Die Ausfuhr von Buddha-Figuren jeglicher Art ist verboten. Die thailändische Regierung versucht offensichtlich dagegenzusteuern, daß die religiös bedeutsamsten Objekte im Ausland zu profanen Dekorationsgegenständen degradiert werden. Diese Regelung gilt für den kleinsten Kunststoff-Buddha ebenso wie für stattliche Plastiken. Beim Kauf von Antiquitäten sollte man beachten, daß hier viele Fälscher ihr Unwesen treiben. Ein angeblich Jahrhunderte altes Stück ist manchmal nur wenige Wochen alt und stammt aus einer der zahlreichen professionell arbeitenden Fälscherwerkstätten. Plagiate machen einen Großteil am Markt für Kunst und Antiquitäten aus. Wer ausschließlich Echtes kaufen möchte und sichergehen will, muß Geschäfte aufsuchen, die ihre Objekte mit einem Echtheitszertifikat der Association for the Preservation of Objects d'Arts veräußern.

Kleiner Tiger

Auch in der Herstellungs- und Textilindustrie, die inzwischen fast doppelt soviel Devisen erwirtschaftet wie der Export von Reis und hinter dem Tourismus an zweiter Stelle steht, werden die verschiedensten Kopien gefertigt. Ein Blick auf die Straßenmärkte von Bangkok – sei es auf der Patpong, in der Sukhumvit, Silom oder Khaosan Road – zeigt, was in Thailand alles gefertigt und gefälscht wird: Ledertaschen von Gucci, Bulgari-Schmuck, Rolex-Uhren, Levi's Jeans, Lacoste-Hemden, Boss-Anzüge, Samsonite-Koffer, Nikon-Objektive, Polydor-Musikcassetten und vieles mehr. Eine große Anzahl international renommierter Modeschöpfer läßt Kollektionen in Thailand fertigen, weil gute Qualität bei niedrigen Arbeitslöhnen angeboten wird. Mittlerweile nehmen Elektronikerzeugnisse vom Fernsehgerät bis zum Mikrochip auf dem Herstellungssektor den zweiten Platz ein. Das zeigt, daß Thailand ein Schwellenland geworden ist. Es bekam aufgrund seiner großen wirtschaftlichen Zukunft den Spitznamen »Kleiner Tiger«. Hongkong, Taiwan, Südkorea und Singapur gelten in Asien als die »vier Tiger«, die ein enormes Wirtschaftswachstum aufweisen, von dem die westlichen Industrienationen nur noch träumen können. Die Erfolge Thailands und auch Malaysias ließen aber zu den »vier großen« noch »zwei kleine Tiger« hinzukommen. Beträchtliche Investitionen aus Japan und Hongkong lassen vermuten, daß in den nächsten Jahren die ökonomische Latte auch weiterhin immer höher gesetzt wird. Besonders die Finanzmacht Hongkong hat das boomende Bangkok im Visier. Ein Blick über die Dächer der thailändischen Hauptstadt zeigt: Hier wird gebaut, was das Zeug hält. Das Geld dafür kommt zu einem Großteil aus der Noch-Kronkolonie, wollen doch die cleveren Kapitalisten eine funktionierende Dependance aufbauen, um im Falle sturer volksrepublikanischer Wirtschaftspolitik schnell den Standort wechseln zu können.

Thailands Wirtschaft hat sich grundlegend geändert. Salopp formuliert, vollzog man den Sprung vom 19. direkt ins 21. Jahrhundert – zum Reis kam der Mikrochip: Die überwiegend von der Landwirtschaft geprägte Gesellschaft wird langsam abgelöst von einer Dienstleistungs- und Herstellungsgesellschaft. Der Anteil der in der Landwirtschaft arbeitenden Bevölkerung sank auf etwa fünfzig Prozent. Und das, obwohl Reis die Hälfte der Menschheit ernährt und Thailand in der Weltproduktion an fünfter Stelle rangiert.

Wie wichtig Reis für das Land ist und war, zeigt die Sprache: Das Wort »essen« allein existiert nicht. Denn »essen« heißt auf Thai »gkin Kao«, wörtlich übersetzt: »essen Reis«. Es gibt kaum ein Dorf in Thailand, das nicht von grünen Reisfeldern umschlossen ist. Überflutungen wurden früher nicht als Katastrophen angesehen, sondern von den Bauern zeitweilig herbeigesehnt, weil sie dem Boden wichtige Nährstoffe für den Reisanbau bescherten. Hochentwickelte Bewässerungssysteme – vielleicht nicht ganz so filigran anzuschauen wie die Reisterrassen auf den Philippinen oder auf Bali – versorgten und versorgen weit abgelegene Felder. Besuchen sollte man auch einmal eine Kokosnußplantage, auf der dressierte Affen arbeiten. Sie drehen die Kokosnüsse in einem buchstäblich tierischen Tempo ab, so daß sie zu Boden fallen. An der Straße weisen meist Schilder in Pidgin-Englisch darauf hin: »Look monkey work coconut!«.

Zwar sind immer noch Reis, Mais, Zucker, Tapioka (Stärkemehl-Kraftfutter), Ananas, Kautschuk, Kokos und die Zucht von Garnelen sowie der Fischfang bedeutende Faktoren der thailändischen Wirtschaft und gute Devisenbringer. Aber im direkten Zahlenvergleich mit der Herstellungs- und vor allem mit der zur Nummer eins avancierten Tourismusindustrie werden sie, ökonomisch betrachtet, nur noch als Nebenerwerbszweige angesehen.

Jade wird aus Myanmar importiert und in Mae Sai sowie anderen Orten zu religiösen Statuen, Ziergeschirr und Schmuck verarbeitet (oben). Selbst bei schwerster Feldarbeit lächeln die Thais den »Farangs«, den westlichen Touristen, freundlich entgegen. In Thailand heißt es, lächeln mache schön und verlängere das Leben (unten).

Weit über 150 Milliarden Baht, etwa neun Milliarden Mark, flossen in den neunziger Jahren jährlich durch Touristen ins Land. Über ein Drittel davon wurde für Einkäufe ausgegeben, ein weiteres gutes Drittel machten Übernachtungen und Verpflegung aus. 1995 stellte Thailand seinen Gästen bereits 250 000 Hotelzimmer aller Kategorien zur Verfügung. Und mehr als 6,5 Millionen Besucher nutzten sie. Zum Vergleich: Der südliche Nachbar Malaysia kommt gerade mal auf 100 000 Hotelzimmer, die Philippinen sogar nur auf 20 000. Man initiierte ein Promotion-Jahr des Tourismus, die Einreisebestimmungen wurden vereinfacht, Phuket und Chiang Mai etablierten sich mit internationalen Airports in den Flugplänen der Chartergesellschaften Europas. In Bangkok sowie weiteren 14 touristisch relevanten Städten setzte man bereits im Jahr 1976 eine Touristenpolizei ein, die potentielle Täter abschrecken und Besucher in Sicherheit wiegen soll. In der Dienstanweisung heißt es: »Aufgabe der Touristenpolizei ist es, die thailändische Tourismusindustrie zu unterstützen.«

Thailand gilt zudem trotz vieler Staatsstreiche, die oftmals in der europäischen Öffentlichkeit gar nicht registriert werden, als sicheres, zuverlässiges Land. Das monatliche Durchschnittseinkommen stieg rapide an, von etwa sechzig Mark pro Monat in den siebziger Jahren auf deutlich über 200 Mark Mitte der Neunziger. Die Einwohner von Phuket liegen sogar doppelt so hoch mit ihren Einkünften, weil sie mit dem enormen Tourismusboom und den Einnahmen aus dem Zinnabbau sowie der Kautschukproduktion sozusagen die Rosinen abernten können. Was vor ein paar Jahren noch ausschließlich für die Upperclass galt, wird auch langsam für breitere Schichten in Thailand wahr: Urlaub machen, das eigene Land kennenlernen. Die Währung ist stabil, obwohl sie in den letzten Jahren etwas nachgegeben hat, und die Inflationsrate bewegt sich mit etwa fünf Prozent bei einem durchschnittlichen Wirtschaftswachstum von acht Prozent auf einem verträglichen Niveau.

Dieser Aufschwung birgt aber natürlich auch seine Schattenseiten. Die grüne Bewegung hat auch Thailand erreicht. »Mit der Modernisierung verlieren wir unsere Wurzeln«, sagt eine Professorin der Universität von Chiang Mai. »Wir müssen wieder an unsere Umwelt denken!« Und in manchen Gebieten tut man mehr, als nur darauf zu verzichten, sich Cola in handliche Plastikbeutelchen abfüllen zu lassen, um sie bequem mitnehmen zu können.

In der Tourismusbranche sind In- und Out-Listen schnell erstellt. Zwar lernte man aus den katastrophalen Fehlern in anderen Feriengebieten und erließ eine Verordnung, daß Neubauten an den Stränden Thailands, die ja ein Teil des Kapitals des Landes sind, nur noch maximal so hoch wie eine Kokospalme gebaut werden dür-

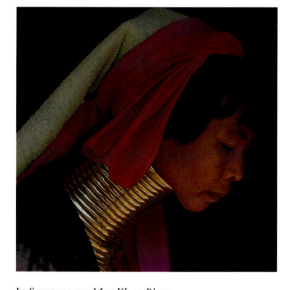

In Samoeng am Mae Khan River gehen die Bewohner mit Netzen auf Fischfang. Der lange Weg in den hohen Norden macht Salzwasserfische hier zu einer teuren Rarität (oben). Der Überlieferung nach sollte der Halsschmuck der Padaung-Frauen einst vor Tigerbissen schützen. Noch heute verweist die Anzahl der Messingringe auf die soziale Position der Trägerin (unten).

Der Mae Nam Kok River im Norden Thailands dient vielen Bewohnern der Gegend als Wäschezuber und Badezimmer. Angesichts der hohen Luftfeuchtigkeit ist es durchaus üblich, sich zweimal am Tag zu waschen (oben).
Der skeptische Blick täuscht, denn der Stamm der Karen ist Besuchern gegenüber in der Regel sehr aufgeschlossen (unten).

fen. Aber um die Müllentsorgung und die Trinkwasserversorgung auf den Inseln kümmert man sich bis auf wenige Ausnahmen noch viel zuwenig. Wobei in zahlreichen Fällen korrupte Beamte und bestechliche Polizisten bestehende Verordnungen einfach nicht überprüfen oder bei Verstößen dagegen nicht einschreiten.

Daß die Prostitution und die Ausbreitung des HIV-Virus auch mit steigenden Tourismuszahlen zu tun hat, bestreitet selbst auf Thailands Regierungsbänken niemand. Obgleich man gerade in diesen Kreisen angesichts der enormen Werbewirksamkeit der heimischen Go-Go-Girls und Massagesalons im Ausland gerne Augen und Ohren verschließen möchte. Angeblich sollen siebzig Prozent der ausländischen Männer in Thailand den Kontakt zu Prostituierten suchen. Die Reiseveranstalter bestreiten diese Zahl allerdings.

Werbewirksam werden auch die Bergstämme im Norden vermarktet. Kein Prospekt kommt ohne die berühmten »Langhalsfrauen« aus der Provinz Mae Hong Son im Goldenen Dreieck aus: Doch der gute Verdienst durch die Ausstellung im »Menschenzoo« bedeutet manchmal vielleicht auch den Ausverkauf der Kultur. Das Drogenproblem ist trotz intensiver Bemühungen, besonders des Königs, noch lange nicht gelöst. Thailand gehört zu den führenden Rauschmittelproduzenten der Welt. Zwar droht Dealern und Konsumenten die Todesstrafe, aber trotzdem gehen Experten davon aus, daß rund fünfzig Tonnen Opium jährlich produziert werden. Daraus können etwa fünf Tonnen reines Heroin gewonnen werden. Ins Transitgebiet Thailand führen die Drogenbosse vermutlich nochmals die jeweils gleichen Mengen aus Myanmar, dem ehemaligen Burma, und Laos ein, um sie gewinnbringend in alle Welt weiter zu exportieren.

Bauboom und Edelholzexport von Teak-, Rot- und Eisenholz sorgen für weitere Probleme. Vor fünfzig Jahren waren über neunzig Prozent des Landes bewaldet, während heutige Schätzungen nur noch von einem Baumbestand von zwanzig Prozent ausgehen. Die etwa 3000 im Land tätigen Arbeitselefanten, ihre Führer, die Mahouts, und PS-starke Maschinenkraft scheinen »gute« Arbeit geleistet zu haben. Die Verteilung der Gelder wird im ehemaligen Agrarstaat ebenfalls für Unruhe sorgen. Mehr und mehr Geld gelangt in die Städte, immer weniger bleibt für die Provinzen. Landflucht könnte daher nicht nur im armen Nordosten zu einer weiteren Verstädterung und in der Folge zu Arbeitslosigkeit sowie der Entstehung von riesigen Slumsiedlungen führen. Armenviertel, wie man sie von Dritte-Welt-Ländern kennt, gibt es aber bislang nicht einmal in Bangkok und schon gar nicht in anderen thailändischen Städten. Auch das Verkehrsproblem wird im Schwellenland Thailand und insbesondere im Moloch

*Die hohen Temperaturen und die Trockenheit können zuweilen Waldbrände entfachen wie hier in Lampang. In Nordthailand klettert selbst in den Bergen während der heißen Jahreszeit zwischen April und Mai das Thermometer deutlich über dreißig Grad Celsius (oben).
In Europa gilt vielen der Mekong als Symbol Asiens. Auf einer Länge von etwa 600 Kilometern bildet der legendäre Fluß die Grenze zwischen Laos und Thailand (rechts oben).*

Bangkok, das wie ein autonomer Binnenstadtstaat wirkt, immer größer. Aber sicherlich dürfte es in keinem Land der Welt ein so vollkommenes, zugegebenermaßen manchmal recht improvisiertes Verkehrsnetz wie in Thailand geben. Es geht nicht um die Autobahnen, die im Königreich eher unseren Bundesstraßen in breiterer Form ähneln. Es geht nicht um ein riesiges Streckennetz der Bahn, obgleich man sich eine Bahnfahrt durchaus einmal gönnen sollte, insbesondere eine Nachtstrecke in den außerordentlich bequemen Liegewagen, in denen man morgens mit frisch gebrutzelten Spiegeleiern und duftendem Kaffee geweckt wird. Auch die inländischen Flugverbindungen sind nicht außergewöhnlich. Und selbst vom ausgezeichneten Bussystem soll nur am Rand die Rede sein, obwohl man in diesem Land bei einer Busfahrt stets auch an einem Wettrennen zwischen den Fahrern der unterschiedlichen Busunternehmen teilnimmt. Sie brausen wie die Berserker durchs Land und malträtieren die Hupe bis zum Gehtnichtmehr. Nur an den Haltestellen geht es gemütlich wie vor Jahrzehnten zu. Frauen und Kinder steigen ein und bieten Erfrischungen wie Obst oder Cola, Snacks wie Klebreis oder Süßigkeiten an. In den komfortablen VIP-Bussen mit Liegesesseln fährt sogar eine Stewardeß mit, die Getränke und einen Imbiß reicht. Noch erstaunlicher ist aber, daß überall, wo ein Hauptverkehrsmittel ankommt, ein sekundäres Reisemittel wie Minibus, Songthao genannt, der typische Pick-up-Wagen mit seitlich angeordneten Sitzbänken, Taxi oder Boot zur Verfügung steht. Ist der Wirkungskreis der sekundären Fahrzeuge eingeschränkt, stehen tertiäre Mittel wie Motorrad, Fahrrad oder Kanu, natürlich mit Chauffeur oder Bootsführer, bereit, und natürlich die sogenannten Langschwanzboote, die Longtailboats, die ein Wahrzeichen des Landes sind. An einer langen Stange, die auch als Ruder dient, hängt meist ein schwerer Lkw-Motor, der enorme Geschwindigkeit auf dem Wasser erzielt. Vorankommen ist in Thailand kein Problem. Laufen muß man nur in den seltensten Fällen. Dafür sorgt schon der enorme Geschäftssinn der Thais, der diese perfekte Struktur ermöglicht, ohne daß sie von irgendeiner übergeordneten Verkehrsplanstelle entworfen worden wäre.

Gaumenfreuden ohne Ende

Die Lust am Geldverdienen und natürlich die Lust am Essen sorgen auch dafür, daß in Thailand selbst im allerletzten Winkel zumindest eine Garküche zu finden ist. Sogar Gourmets stufen die thailändische Küche in die Kategorie Weltklasse ein. Asiens feinste und beste Küche, zumindest die verführerischste, ist sie allemal. Da können die Chinesen nur schlecht mithalten. Man sagt von den Thailändern, daß sie, wenn sie nicht gerade essen, zumindest ans Essen denken. Die Thais sind eben ein Volk, dessen eine Hälfte kocht, während die andere ißt. Soll heißen: Gegessen wird immer und überall, zu jeder Tages- und Nachtzeit, im Feinschmeckerlokal und an der Bordsteinkante. Viele Garküchen in Bangkok und die kleinen Restaurants an den Busbahnhöfen haben meist sogar einen 24-Stunden-Betrieb, sind aber von der Qualität nicht schlechter als andere Restaurants. In Thailand kann man für zwei Mark ebenso gut speisen wie für zwanzig. Den Mut, nicht nur in guten Hotellokalen zu tafeln, sondern auch einmal auf einem der kleinen Hocker an der Straße Platz zu nehmen oder einen der Nachtmärkte zu besuchen und von einer Garküche zu bestellen, sollte man unbedingt aufbringen. Wer einmal dort gegessen hat, greift immer wieder auf diese Art des hervorragenden Fast-Food zurück.

Schnabuliert wird grundsätzlich, was schmeckt. So kann es durchaus auch einmal passieren, daß dem Farang unter großem Gelächter ein Schüsselchen mit gerösteten Wasserkäfern oder Heuschrecken als Appetitmacher angeboten wird. Thais essen nach Lust und Laune durcheinander. Meist kommen die Köstlichkeiten gleichzeitig auf den Tisch, und jeder darf nach eigenem Gusto sein persönliches Menü zusammenstellen: vom gelben Hühnercurry, vom Barsch in Kräutern, vom Rind in Knoblauch und Öl. Niemand achtet darauf, welches Gemüse paßt – Hauptsache, es schmeckt.

Auch die Getränke sind höchst unterschiedlich. Vom grünen Jasmintee über Wasser, Cola und Bier ist alles üblich. In einer Männerrunde fehlt auch meist der Mekong-Whiskey neben dem Eiskübel und der Cola nicht. Nur von den thailändischen Weinen ist abzuraten: Unsere Reblaus schmeckt dagegen wie ein Barollo.

Reis ist natürlich der Hauptbestandteil eines jeden Gerichts. Im Norden bevorzugt man den festen Klebreis, im Süden den lockeren Duftreis. Roter, grüner oder gelber Curry, Krabben-, Soja- und Kokospasten sind die Grundlagen für die Saucen. Kräuter, wie Koriander oder diverse Arten des Thai-Basilikums sowie Ingwer, Zitronengras, Limettensaft und Knoblauch, sorgen für ein unverwechselbares Aroma. Dazu gibt es Gemüse von Auberginen bis Zucchini. Übrigens zählen in Thailand auch Kartoffeln zum Gemüse. Wer es sich unter den Thais leisten kann, ißt dazu Huhn, Ente, Rind, Schwein, Fisch oder Meeresfrüchte.

Und die vielzitierte Schärfe? Die Thai-Kids wachsen sozusagen mit Chili statt Kaba auf, und dennoch haben sie ihre Geschmacksnerven bewahrt. Farangs, die zum ersten Mal ein scharfes Thai-Gericht probieren, werden aber mit den Tränen kämpfen. Zum Einstieg sind daher Nudelgerichte, wie Path Thai mit Erdnußge-

Ausgebaute Pick-ups werden in weiten Teilen des Landes als preiswerte Nahverkehrsmittel eingesetzt (unten).

In den Bergen hinter Mae Sai, im äußersten Nordzipfel Thailands, hat sich die Mutter König Bhumibols eine Residenz errichten lassen. Der herrliche Garten des Anwesens ist nicht nur bei Blumenfreunden ein beliebtes Ausflugsziel.

schmack, oder gebratener Reis (Khao Phat) mit Huhn (Gai) oder Krabben (Gung) zu empfehlen. 1993 kochte man übrigens für einen guten Zweck im Queen Sirikit National Convention Center von Bangkok den größten Khao Phat aller Zeiten: In einem speziell angefertigten Wok mit fünf Metern Durchmesser wurden 800 Kilogramm Reis und die entsprechende Menge anderer Zutaten verarbeitet.

Üblicherweise sind die Garzeiten in einem großen Wok über offenem Feuer sehr kurz, so daß das Gemüse frisch und knackig bleibt. Als Besteck dienen grundsätzlich Löffel und Gabel, wobei der Löffel in der rechten Hand geführt wird und die Funktion des Messers erfüllt. Stäbchen werden nur für Nudelgerichte und für Suppen verwendet. Die Zutaten sind in diesem Fall das Wichtigste. Die Brühe selbst wird nicht getrunken.

Kaum ein Essen in Thailand wird ohne »Fischwasser« serviert. »Nam« heißt »Wasser«, »pla« bedeutet »Fisch«, und »Nam Pla« nennt sich das thailändische Maggi. Es steht in jedem Restaurant und an jeder Straßengarküche auf dem Tisch, meist in kleinen Schälchen. Besonders die verschärfte Version, Nam Pla phrik, bringt den westlichen Besucher fast um den Verstand. Die eingelegten Chilistückchen sind höllisch scharf! Ein Farang sollte deshalb nur tröpfchenweise mit Nam Pla würzen.

Feucht wie ein Schwamm

Erstes scharfes Essen hin, Kulturschock her: Der erste Schock, den der Ankömmling in Thailand überwinden muß, ist der Hitzeschock. Wie eine Wand baut sich die mit extrem hoher Feuchtigkeit fast schwer wirkende Luft auf, wenn der vom langen Flug müde Passagier in Bangkok das klimatisierte Airportgebäude verläßt. Die Poren öffnen sich; Schwitzen wird tagelang zu einer Begleiterscheinung, an der man sich nicht stören sollte. Selbst die geruhsamste Bewegung endet in einem Schweißbad. Erst nach etwa einer Woche hat sich der Körper darauf eingestellt. Die Poren scheinen sich langsam zu schließen und platzen lediglich bei Anstrengung wieder auf. Heiße Getränke, dünne Baumwollkleidung und täglich mindestens zwei kühlende Duschbäder helfen bei der Hitze am besten. Auch ein Thai, der selten offensichtlich schwitzt, wäscht sich doch täglich mindestens zweimal.

Thailand liegt im Tropengürtel und hat daher nicht die uns vertrauten vier Jahreszeiten, sondern monsunbedingt nur drei: Man unterscheidet zwischen der Trockenzeit, die zwischen März und Juni eine enorme Hitze über das Land bringt, der Regenzeit mit heftigen Monsunschauern, die von Juli bis Oktober dauert und eine extrem hohe Luftfeuchtigkeit bedeutet, und der sogenannten kühlen Jahreszeit von November bis Februar. Diese Einteilung ist allerdings nur als grobe Richtlinie zu verstehen. Denn erstens verschieben sich die angegebenen Zeiten um bis zu zwei Monate (wie im europäischen Klima auch), und zweitens gibt es eine Reihe von Orten mit ganz speziellem Mikroklima. Ko Samui im Golf von Thailand ist zum Beispiel in der Regel ein Ganzjahresziel. Hier gibt es häufig von Dezember bis Februar eine schwache Regenzeit, während im Sommer ideales Badewetter herrscht. An der Westküste, in der Andamanen-See, eignet sich Phuket in der sommerlichen Regenzeit nur bedingt für einen Besuch. Hier kann der Südwestmonsun – vom Indischen Ozean kommend – zwischen Juli und Oktober auch mal tagelang anhaltende Regenwände mit sich führen. Dann ist die Erde feucht wie

Vor dem üppigen Grün des Monsunwalds wiegen sich Fuchsschwanzgräser wie Federbüschel sanft im Wind: Neben den paradiesischen Badestränden sind es auch die unberührten Naturlandschaften, die Thailand als Urlaubsziel so attraktiv machen.

ein Schwamm und bietet optimale Voraussetzungen für eine hohe Moskitodichte. Ähnliches gilt für die Ostküste, an der während der Regenzeit ebenfalls mit lange andauernden Regenfällen gerechnet werden muß. Bangkok kann dann regelrecht unter Wasser stehen, was selbst das Besucher-Pflichtprogramm beschwerlich macht. Der Norden sollte idealerweise im Winter bereist werden. Gerade Trekking-Touren sind in der Regenzeit wegen zu vieler Niederschläge und in der Trockenzeit wegen enormer Hitze manchmal kaum durchführbar. Die Natur hat es so eingerichtet. Wenn es schon bei den Temperaturen kaum Kontraste gibt, das Klima bietet sie. Die Tropen haben eben nicht 365 Tage im Jahr blauen Strahlehimmel. Aber wenn man sich vorab informiert, kann wettermäßig kaum mehr etwas schiefgehen mit dem Bade-, Kultur- oder Trekking-Urlaub. Und wenn doch? »Mai pen arai!«. Laut einer Untersuchung der deutsch-thailändischen Handelskammer unter knapp 2000 deutschen Thailand-Touristen spielt das Wetter sowieso weder positiv noch negativ eine tragende Rolle. Die schlechte Müllentsorgung, die wachsende Luftverschmutzung und der immer dichter werdende Verkehr stießen den Urlaubern unangenehmer auf. Die Freundlichkeit der Leute, die Schönheit der Landschaften, das Essen und die kulturellen Sehenswürdigkeiten erfreuen dagegen das Herz der Farangs – und zwar auch während der Monsunzeit. Nur 14 Prozent der Befragten hatten nicht vor, Thailand nochmals zu besuchen, 86 Prozent wollten wieder ins »Land der Freien und des Lächelns« kommen, 34 Prozent sogar innerhalb des nächsten Jahres. Vielleicht sogar, weil sie nicht nur das geruhsame Strandleben in der Hängematte genossen haben, sondern auch in der hektischen Millionenstadt Bangkok glückliche Tage im Chaos erlebten und nach der obligatorischen Tempeltour die stillen Winkel der Stadt entdeckten. Lassen Sie sich ein auf eine wunderschöne Reise durch die fünf geographischen Regionen des Landes, die auf der Karte die Form eines Elefantenkopfes ergeben. In der Nordregion, dem ersten von den Zuwanderern entdeckten Gebiet, werden Höhen bis über 2000 Meter gemessen. Hier ist die Erde zu einem großen Teil immer noch mit dichten Urwäldern bewachsen, hier leben Thais und Bergvölker ein weitgehend gegensätzliches Leben. Die Nordostregion ist zwar das Entwicklungsgebiet im Schwellenland, aber ein Stück ursprüngliches Siam, in dem die Bauern fleißig sind wie kaum anderswo: Etwa zwanzig Prozent der Gesamtbevölkerung erwirtschaften fast fünfzig Prozent der Reisernte. Werden im Nordosten in der kalten Jahreszeit die landesweit kältesten Werte gemessen (bis zu null Grad!), so wartet die Zentralregion meist mit Jahreshöchsttemperaturen bis zu 44 Grad auf. Hier ist das Land flach, die Strukturen erscheinen provinziell bis kleinstädtisch, und der Großraum Bangkok wächst drohend vom Süden immer weiter in die zentrale Region hinein. In der Bangkok Metropolitan Region schließlich schlägt das Herz des Landes: politisch, kulturell, industriell, in jeder Hinsicht. Die schmale Südregion, der Rüssel des Elefantenkopfs, an der engsten Stelle gerade mal 14 Kilometer breit, zeigt sich dagegen mit vielen Postkartenseiten und durch die eigentümlichen Karstlandschaften als eine Märchenbilderwelt. Lassen Sie das alte Siam und das moderne Thailand an sich vorüberziehen: Das pulsierende Bangkok hier, die ihren Traditionen verschriebenen Bergstämme dort, das Land der Tempel und Paläste, der paradiesischen Inseln, der dschungelbedeckten Berge, das Leben für Buddha und die Kunst des alten Siam. Sehen und erleben Sie Thailand. In diesem Sinne: eine gute Reise!

Mit seinen geheimnisvollen Höhlen, porösen Kalksteinfelsen und umliegenden Mangrovenwäldern ist der Badestrand in der Phra-Nang-Bucht bei Krabi ein Paradies für Sonnenanbeter und Naturfreunde.

Nachfolgende Doppelseite:
An den palmengesäumten Stränden von Rai Leh bei Krabi werden Urlauberträume Realität. Für den schweißtreibenden Aufstieg auf eine der bewachsenen Felsnadeln wird man mit einem herrlichen Ausblick auf die paradiesischen Badebuchten belohnt.

Wenn die Kraft der Sonne nachläßt, wird die Strandgemeinde munter: Täglich am späten Nachmittag packen Sportsfreunde am Rai Leh Beach bei Krabi den Volleyball aus und spielen ihn stundenlang über die Schnur.

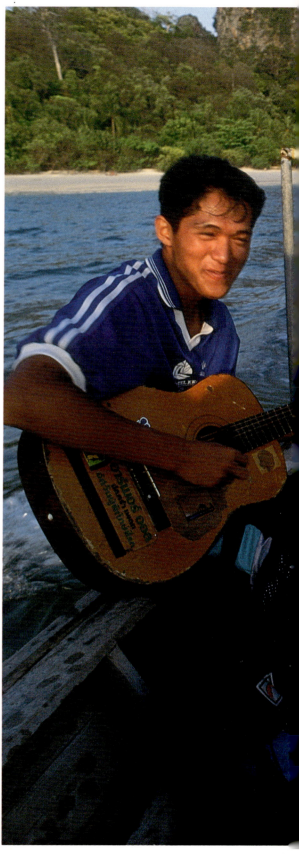

Eine Bootsfahrt, die ist lustig: Wegen der äußerst positiven wirtschaftlichen Entwicklung ihres Landes können sich immer mehr Thais einen Kurzurlaub vor der eigenen Haustür leisten.

Badefreuden vor gewaltiger Naturkulisse: Ein »Pilgerziel« für Touristen aus aller Welt ist die »Höhle der Prinzessin«, die in ein mächtiges Kalksteinmassiv bei Krabi eingebettet ist. Das Höhlenheiligtum birgt einen Schrein, an dem Fischer vor ihrer Fahrt aufs Meer und Frauen mit Kinderwunsch opfern.

Natürlich ist in Thailand Wassersport Trumpf, doch auch Freeclimber kommen vielerorts auf ihre Kosten. In der Phang-Nga-Bucht locken schroffe Felsen als reizvolle Herausforderung.

*Nachfolgende Doppelseite:
Wie Skulpturen ragen in der Phang-Nga-Bucht Kalksteinfelsen steil aus dem Meer. Ihre bizarren Formen regten Namen wie Nagelberg oder Insel des kleinen Hundes an.*

Ko Pannyi, ein malerisches Dörfchen der Seezigeuner, schmiegt sich an einen riesigen Kalksteinfelsen, der es vor dem Monsun schützt. Die kleinen Häuser der Fischer stehen auf Pfählen aus Mangrovenholz. Die muslimische Gemeinde bildet einen Rahmen, in der jung und alt einen festen Platz haben (beide Bilder).

Die Ahnen der Seezigeuner waren vermutlich die Ureinwohner von Phuket. Noch heute leben einige Familien in Booten auf der Andamanen-See, andere, wie hier in Ko Pannyi, sind inzwischen seßhaft geworden und verdienen sich ihren Lebensunterhalt mit Fisch- und Muschelfang.

Bis an die Spitze bewachsene Felsen, hoch aufragende Palmen, kräftige Wasserbüffel und einfache Hütten – so präsentiert sich das ländliche Thailand dem ausländischen Gast. Asienkenner vergleichen einige Landstriche im Süden des Königsreichs gern mit der zauberhaften Region von Guilin in der Volksrepublik China.

Nicht nur wegen ihrer prähistorischen Wandmalereien ist die riesige Viking Cave auf Ko Phi Phi Le eine vielbesuchte Touristenattraktion. In der Höhle kann man auch gewandte Kletterkünstler beobachten, die in schwindelerregender Höhe Schwalbennester sammeln. Chinesische Händler zahlen bis zu 3000 Mark für ein Kilo der begehrten Delikatesse (beide Bilder).

Wenn ein Problemchen zum Problem wird: Wasserflaschen aus Plastik werfen für jede touristisch erschlossene Insel wie Ko Phi Phi Don Entsorgungsfragen auf. Weil mit der Zahl der Besucher auch der Trinkwasserkonsum ständig steigt, türmen sich die Flaschen oftmals zu wahren Müllbergen.

Vor wenigen Jahren noch ein Geheimtip unter Rucksacktouristen, geht es auf Ko Phi Phi Don nun an manchen Tagen zu wie in Rimini. Trotz des Touristenansturms zählt die Insel aber immer noch zu den schönsten Fleckchen des Kontinents.

Überall in den Küstenstädten wird fangfrischer Fisch zum Verkauf angeboten. Wer bei einem Bummel über die Märkte Appetit bekommen hat, findet in den Touristenzentren noble Restaurants, die ihre Gäste nach allen Regeln der Kochkunst verwöhnen.

Baukräne sind aus dem alltäglichen Bild der Boomtown Bangkok kaum mehr wegzudenken. Wo um die Jahrhundertwende lediglich 460 000 Menschen lebten, drängen sich heute fast sieben Millionen Einwohner in einer Weltstadt westlichen Zuschnitts.

Der Chao Phraya war und ist die Lebensader Bangkoks. Sieben Brücken haben das Verkehrsaufkommen auf der früher rege befahrenen Wasserstraße erheblich reduziert. Wenn auch die River-Boat-Taxis am Abend ihren Transport einstellen, kehrt Ruhe auf dem Fluß ein, und Bangkok zeigt sich von seiner schönsten Seite.

Kleine Glöckchen klingeln schon bei leichtem Wind am Palast des Smaragd-Buddhas. Vergoldete Kinnaras – mythische Wesen, halb Mensch, halb Vogel – dienen als Hüter des gigantischen Wat Phra Kaeo in Bangkok.

Ein Muß für Bangkok-Reisende ist die gewaltige Anlage des Royal Palace, mit dessen Bau 1784 unter König Rama I. begonnen wurde. Obgleich große Teile nicht für die Öffentlichkeit zugänglich sind, gewinnen Besucher hier doch ein eindrucksvolles Bild vom Ansehen und Reichtum der früheren thailändischen Herrscher.

Eine Brücke, die (Film-)Geschichte schrieb: Unter japanischer Besatzung errichteten alliierte Kriegsgefangene im Zweiten Weltkrieg die River Kwai Bridge bei Kanchanaburi (links). Über das einst strategisch bedeutsame Bauwerk zuckelt heute nur noch zweimal täglich ein Triebwagen (oben).

Nachfolgende Doppelseite: Mahouts brauchen viel Geduld, bis ihre schwergewichtigen Schützlinge genau das tun, was sie sollen. Im Elephant Training Center von Chiang Dao im Norden Thailands können Besucher bei den täglichen Übungen zuschauen und manchmal auch an Ausritten ins Mae Sa Valley teilnehmen.

Zwischen dem dritten und zehnten Lebensjahr absolvieren die Elefanten zwei Trainingsphasen, bevor sie erstmals Arbeiten im Wald verrichten (oben). Wenn die Dickhäuter im Elephant Training Center in Chiang Dao ihre Kunststücke vorführen, stehlen die kleinen nicht selten den großen die Schau (links).

Im Elefantentrainingscamp in Lampang kann man mit den grauen Riesen auf Tuchfühlung gehen (rechts). Beim Showprogramm stockt manchem Zuschauer der Atem: Doch wenn sich der Mahout vor seinen mächtigen Zögling legt, weiß er genau, daß ihm der Elefant nie etwas zuleide tun würde (oben).

Jeder Elefant liebt das Bad im Fluß und die gründliche Reinigung durch seinen Mahout. Mit Kokosnußschalen werden die Dickhäuter auf Vordermann gebracht und mit einer Massage verwöhnt. Der Elefantenführer leistet dabei Schwerarbeit. Dankbar werden die Männer dafür zurück ins Trainingscamp getragen (beide Bilder).

Das alte Sukhothai, nach jahrelangen Restaurierungsarbeiten 1987 zum historischen Nationalpark erklärt, gehört zu den imposantesten Ruinenstädten der Welt. Im 13. Jahrhundert wurde von dem Ort im Norden Bangkoks fast das gesamte heutige Thailand kontrolliert. An die einstige Blütezeit erinnern vor allem die kostbaren Buddha-Statuen, die als Höhepunkte der thailändischen Kunst gelten (beide Bilder).

Büffel zählen zu den wichtigsten Nutztieren in Thailand. Sie liefern Fleisch, Milch und Leder, werden beim Umpflügen der Reisfelder eingesetzt, und auch ihr Mist ist als Dünger oder Brennmaterial ein gefragter Rohstoff.

Auf der kleinen Insel des Wat Sra Sri in Sukhothai trifft man auf einen bestens erhaltenen Stupa im ceylonischen Stil. Zu seinen Füßen wird alljährlich im November das Loy Krathong, eines der schönsten Lichterfeste des Landes, gefeiert.

Wat Mahathat im Zentrum der alten Königsstadt Sukhothai war im 13. Jahrhundert das größte Heiligtum des Landes. Erst durch die Ausgrabungen in den fünfziger Jahren erkannte man die wahren Dimensionen des gewaltigen Tempelbezirks, der eine Fläche von 70 000 Quadratmetern umfaßt. Die Buddha-Statuen wurden inzwischen sorgfältig restauriert und an ihren angestammten Plätzen wieder aufgestellt.

Ausflügler am Fuß des Doi Inthanon bei Chiang Mai. Im Königreich liebt man das gemeinsame Essen im Freien. Ein Sprichwort sagt: Wenn ein Thai nicht gerade ißt, dann denkt er daran.

Farbenfrohe Tuk-Tuk-Parade in Phitsanulok im Norden Thailands. Die Fahrzeuge hier haben sogar Türen, im Gegensatz zu den wendigeren und schnelleren Dreiradvehikeln in Bangkok.

»Sanuk«, Spaß, ist auch beim Picknicken das Wichtigste. Wenn eine Gruppe junger Thais zusammenkommt, sind private Angelegenheiten oder große Politik tabu. Filmstars, Pop-Gruppen oder das neue Moped sind die fröhlich diskutierten Themen.

In kleinen Fabriken werden jährlich Tausende von Buddha-Figuren hergestellt. Oft nur aus Gips gefertigt, werden die verehrten Statuen erst im Tempel durch geopfertes Blattgold wertvoll im materiellen Sinn.

Schon im 4. Jahrtausend v.Chr. wurde in Thailand Reis angebaut, und auch heute gehört das Königreich zu den größten Reisexporteuren der Welt. Zu Beginn der Regenzeit zwischen Mai und Juli werden hellgrüne Sämlinge gesetzt, die bis zum Oktober zu großen, tiefgrünen Stielen heranwachsen, um dann geerntet zu werden.

Im wahrsten Sinne des Wortes ist dieser Lastkraftwagen über das Ziel hinausgeschossen und unfreiwillig im Straßengraben gelandet. Die Thais gelten generell als sehr forsche Autofahrer.

Ein Rikschafahrer in Phitsanulok gönnt sich ein Nickerchen während der beschäftigungslosen Zeit. Fahrgäste dürften den Herrn aber jederzeit wecken, ohne daß er eine böse Miene machen würde.

Bei Beerdigungszeremonien, wie hier bei einem Leichenzug in Chiang Mai, liegt Trauern fern. Direkt hinter der Familie des Verstorbenen gehen die Mönche; es folgen die Männer, und am Ende des Zugs gehen die Frauen. Beim Bestattungsfest im Tempel weiß jeder, daß der Tote zur nächsten Wiedergeburt reist und dem Zustand des vollkommenen Friedens nun ein Stück nähergekommen ist.

Beim thailändischen Neujahrsfest zwischen dem 13. und 15. April werden überall im Land Buddha-Skulpturen mit Blumen geschmückt und mit Weihrauchwasser besprüht. Außerdem reinigen die Thais an diesen Tagen Haus und Hof und entrümpeln die Wohnung, da nutzlos gewordene Haushaltsgegenstände sonst Unglück bringen würden.

Beim Songkran-Fest, dem thailändischen Neujahrsfest, wird mit dem feuchten Element nicht gegeizt. Ausgelassen darf jeder jeden mit Wasser übergießen: »Sanuk mak mak«, ein Heidenspaß, vor allem, wenn es auch mal eine »Langnase«, einen westlichen Touristen, erwischt (beide Bilder).

Frau oder Mann? Bei den Lady-Men in Thailand ist selbst bei genauem Hinschauen keine hundertprozentige Gewißheit zu bekommen. Transvestiten wie im »Blue Moon Nightclub« von Chiang Mai präsentieren ihren Körper perfekt und haben auch sämtliche Verhaltensweisen des neuen Geschlechts angenommen.

Chiang Mai ist im ganzen Land für seine ausgelassenen Feste bekannt. Unbestrittener Höhepunkt ist das farbenprächtige Blumenfestival im Februar, zu dem auch regelmäßig Tausende Touristen anreisen.

Genüsse, Gerüche, Geschäfte: In der Markthalle von Chiang Mai gibt es alles Mögliche und Unmögliche zu kaufen. Hier bleiben die Einheimischen weitgehend unter sich, »Langnasen« werden kaum beachtet: Der Handel ist wichtiger!

Eine Mahlzeit an einer der vielen Garküchen und auf einem der Nachtmärkte sollte sich der Besucher nicht entgehen lassen. Das Essen ist äußerst schmackhaft, oftmals landestypischer als im Restaurant und zudem extrem preiswert.

Beim Neujahrsfest im April finden überall im Land Tanzveranstaltungen, Jahrmärkte und Umzüge statt – und die können schon mal mit Trommeln und großem Hallo mitten durch den Gemüsemarkt führen.

Großraumlimousinen können sich in Thailand nur die Wohlhabendsten leisten. Für eine Durchschnittsfamilie reicht es meist nur zu einem Moped, wobei ein Zweirad mit vier Personen, wie hier in Chiang Mai, noch nicht als überbesetzt gilt...

In den Garküchen kann man dem Koch über die Schulter schauen und häufig auch kleine Kostproben erhalten, bevor man sich sein Menü zusammenstellt. Zu den beliebtesten Spezialitäten gehören marinierte Hähnchen vom Grill (oben). Seltener zu finden, aber ebenfalls nach köstlichen Rezepten zubereitet, sind knusprige Spanferkel, wie hier auf dem Markt von Chiang Mai (rechts).

Trotz strikter Verbote wird im Norden Thailands Teak immer wieder illegal abgeholzt. Die kostbare Rohware wird sofort zugesägt, um sie leichter schmuggeln zu können.

Dichte Rauchschwaden über den Bergen können in Nordthailand zweierlei bedeuten: Entweder wollen Bauern durch traditionelle Brandwirtschaft Nutzland gewinnen, oder die Armee hat auf einem ihrer Anti-Drogen-Feldzüge ein illegales Mohnfeld abgefackelt.

Der tropische Norden Thailands präsentiert sich als der »Garten Eden« des Königreichs. Unter sattgrünen Bananenstauden gedeihen hier selbst Erdbeeren. Die Aufnahme entstand in der Nähe des Dorfes Samoeng in der Provinz Chiang Mai, wo auch die wertvollen Teakbäume einen nahrhaften Boden finden.

Mönche begleiten die wichtigsten Stationen im Leben der Thais, von der Geburt über das Zelebrieren der Geschlechtsreife und Eheschließung bis hin zur traditionellen Feuerbestattung. Der Sarg wird auf den Scheiterhaufen gelegt, nachdem der ranghöchste Mönch das weiße Tuch entfernt hat, das den Tod symbolisiert.

Zur gemeinsamen Mahlzeit werden in den Dörfern auf Strohmatten verschiedene Gerichte aufgetischt. Neben Reis und Gemüse steht vor allem im Norden Huhn auf dem täglichen Speisezettel.

Der schattenspendende Reisstrohhut gehört ebenso zur Arbeitsausrüstung des thailändischen Farmers wie die Hacke und robuste Gummistiefel. Unser Blaumann heißt in Thailand »Mor Hom«. Früher wurde das indigoblaue Baumwollgewand nicht von Knöpfen, sondern von einem Band zusammengehalten.

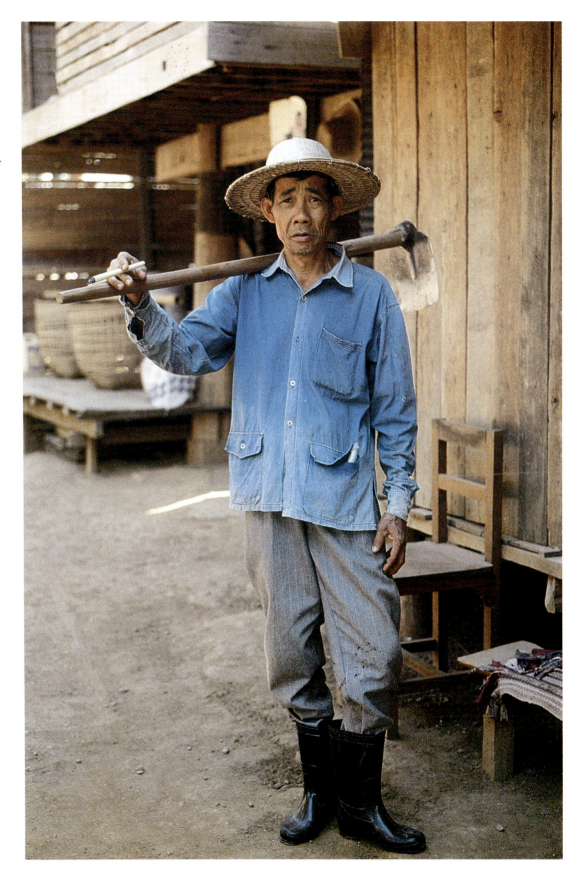

Besonders im ländlichen Thailand ist das Zusammenleben der Generationen noch harmonisch. Die Alten werden verehrt, die Jungen übernehmen mit Respekt die Versorgung ihrer Großmütter und Großväter.

Das Songkran-Fest ist natürlich auch für die Kleinen ein Riesenspaß: Mit selbstgebastelten Hütchen wird das Neujahrsfest in Samoeng in großem Kreis gefeiert.

Von Kindesbeinen an spielt der Sport bei den Thais eine wichtige Rolle (hier bei einem Schulsportfest in Chiang Mai). Die vielfältigen Möglichkeiten zu Wasser und zu Lande kommen der Sportbegeisterung dabei sehr entgegen.

An Neujahr werden Mönche zu Feuerwerkern, wie hier in Mae Sai in der Provinz Chiang Mai. Bambusrohre werden mit Schwarzpulver gestopft, angezündet und in die Erde gesteckt. Derjenige hat den Feuerwerkswettbewerb gewonnen, dessen Rohr am längsten zu dem funkensprühenden Spektakel beiträgt (alle drei Bilder).

Zwischen Tha Ton und Chiang Rai kann man die Landschaft in gemütlicher Fahrt vom Wasser aus genießen. Die Flöße auf dem Fluß Kok werden aus Bambus gefertigt und müssen so stabil sein, daß sie auch tückischen Stromschnellen standhalten. Maximal sechs Gäste können bei einem mehrtägigen Ausflug an Bord übernachten (beide Bilder).

Chiang Rai, einst als »Krone des Nordens« gepriesen, ist seit einigen Jahren ein beliebtes Ziel von Abenteuerreisenden und Trekking-Touristen. Von den sieben Tempeln des Ortes ist der Wat Phra Kaeo der bekannteste. Im 15. Jahrhundert wurde hier der berühmte Smaragd-Buddha entdeckt, der nach einer langen Odyssee durch Thailand und Laos seit 1784 in Bangkok aufbewahrt wird.

Der prunkvolle Goldtempel von Wat Chong Klang in Mae Hong Song wurde erst 1827 errichtet und 1984 zum königlichen Wat erhoben. Im hinteren Bereich der Tempelanlage hat man ein Museum eingerichtet, in dem man kunstvolle Schnitzarbeiten aus Burma besichtigen kann.

Jeder thailändische Knabe begibt sich einmal im Leben als Novize in eine der rund 25 000 Klosteranlagen des Landes. In der zumeist befristeten Zeit werden religiöse Verdienste für die nächste Inkarnation erworben.

Nicht weniger als 227 Regeln müssen buddhistische Mönche befolgen. Trotz ihres streng geregelten Tagesablaufs leben sie nicht von der Außenwelt isoliert, sondern können sich zwischen den Wats völlig frei im Land bewegen. Lediglich in der Regenzeit halten sich viele Mönche längere Zeit in ein und demselben Kloster auf.

Ein improvisierter »Beautysalon« in Nong Khai, der Grenzstadt nach Laos. Auch in den ländlichen Gebieten sind die Frauen zwischen Tradition und Moderne hin- und hergerissen. Dem Klischee vom anschmiegsamen Wesen, das sich bereitwillig unterordnet, widerspricht die traditionell starke wirtschaftliche und gesellschaftliche Position der Frauen in Thailand.

Der Herr aus Nong Khai im Isan hat es sich zur Zeitungslektüre auf der Veranda bequem gemacht. In Thailand erscheinen mehr als dreißig Tageszeitungen, von denen acht in chinesischer und drei in englischer Sprache gedruckt werden.

Ein Vermächtnis des vietnamesischen Mönchs Luang Pu ist der vielbesuchte Wat Khaek bei Nong Khai. Wie Zwerge fühlen sich die Besucher inmitten der riesigen Statuen, die den großen Weltreligionen gewidmet sind. Die Figuren sollen zum einen göttliche Lehren vermitteln, zum anderen aber auch menschliche Verhaltensweisen dokumentieren (beide Bilder).

Der Phu-Phan-Kum-Nationalpark in der Nähe von Khon Kaen im Nordosten des Königreichs ist ein beliebtes Ausflugsziel der Thais. Üppiger Dschungel, zahlreiche Wasserfälle und ein 800 Meter langer Stausee sorgen für reichlich Entspannung und natürlich jede Menge »Sanuk«, Spaß (beide Bilder).

Spielplatz in der Natur: Am Mae Nam Ping hat ein kleiner Junge eines Bergstammes auf einer Liane seine Schaukel gefunden.

Zwei, die zusammengehören: der Elefant und sein Mahout. Nach etwa fünf Jahren erkennt der dickhäutige Riese seinen Lehrer als Führer an. Wenn alles gutgeht, können beide ein Leben lang zusammenbleiben: Die statistische Lebenserwartung eines Elefanten liegt bei etwa 80 Jahren.

Am kostbaren Silberputz der Frauen sind die Akha, einer der sechs großen Bergstämme in Nordthailand, leicht zu erkennen. Die knapp 25 000 Stammesmitglieder leben vor allem in den Provinzen Chiang Rai und Chiang Mai.

Die Karen – mit rund einer Viertelmillion die größte Stammesgruppe in Thailand – leben in einer mutterrechtlich organisierten Gemeinschaft. Dennoch bleibt Wäschewaschen und Kinderhüten reine Frauensache.

Mönche bei Tha Ton holen ganze Lahu-Dörfer zum Opium-Entzug ins Kloster. Mit einem Kräutergebräu, das zum Erbrechen reizt, wird der Körper entgiftet. König Bhumibol hat inzwischen ein Programm initiiert, das den Bergvölkern landwirtschaftliche Alternativen zum illegalen Opiumanbau, medizinische Versorgung und soziale Unterstützung sichern soll.

So schön und so gefährlich: Eine Lahu-Frau ritzt die Knospe des Schlafmohns auf, um daraus Opium zu gewinnen. Mohn gedeiht am besten in Höhen zwischen 1000 und 2000 Metern und wird im Januar geerntet.

Im Goldenen Dreieck zwischen Thailand, Myanmar und Laos ist der Konsum von Opium am Ende eines langen Tages seit Generationen ein Ritual. Opium betäubt den Kopf und den Hunger und läßt statt realer Alltagsprobleme für kurze Zeit die Träume zum Herrn der Sinne werden.

Aus dem weißen Harz der Mohnknospe wird Opium gewonnen, der Grundstoff der Heroinherstellung. Der weiße Saft wird gesammelt und zu einer braunen, gummiartigen Substanz getrocknet. Das Konzentrat kann jahrelang aufbewahrt werden, ohne seine Wirkung zu verlieren.

Selbst mit einfach konstruierten Seifenkisten läßt sich ordentlich Tempo machen. Der Akha-Junge führt es auf seiner Rennpiste im Bergdorf Doi Tung vor.

Auch wenn einige Bergstämme im Norden nur wenig mit der Kultur und dem Festkalender der Thais gemein haben, zu Neujahr wird mitgefeiert, mitmusiziert und mitgetanzt, wie hier einige junge Lahus in ihrem Dorf Huai Pong.

Mittlerweile hat das 20. Jahrhundert auch in den entlegenen Bergdörfern Einzug gehalten. Die Diskothek ist mobil und hat in Muang Noi vor dem Dorftempel der Lahu Sheh Leh einen kurzen Stopp eingelegt.

Das Spiel mit dem Kreisel fasziniert alle Kinder dieser Welt – auch den Nachwuchs im Akha-Dorf Nong Van bei Chiang Rai. Spielzeug und Kugelschreiber sind übrigens immer ein willkommenes Gastgeschenk in den Bergdörfern.

Im Chinesischen heißt das Volk der Meo abfällig »Barbaren«. Der Stamm selbst nennt sich »freie Menschen«; ihre Spezialität ist das Herstellen von feinen Handarbeiten und Batiken.

Mit harter körperlicher Arbeit verdienen sich die Bergstämme im Norden nach wie vor ihren spärlichen Lebensunterhalt. Im restlichen Land hat sich der Anteil der in Dienstleistung, Fertigungsindustrie und Handel Beschäftigten in den letzten dreißig Jahren hingegen verdoppelt, wenn nicht verdreifacht.

Kinderarbeit ist alltäglich, nicht nur bei den Meo. Ob es ums Transportieren, um die Gemüseernte oder die Holzwirtschaft geht, die kleinen Hände müssen schon frühzeitig zupacken. Dennoch legen die meisten Meo großen Wert darauf, daß ihr Nachwuchs in Thai-Schulen unterrichtet wird.

Viele Akha-Frauen wenden sich von den stammeseigenen Lehren ab und nehmen mehr und mehr den christlichen Glauben an. Für den Kirchgang wird aber weiterhin der traditionelle Festtagsschmuck angelegt.

Im Akha-Dorf Doi Mae Salong bei Chiang Rai bereitet ein Junge seinen Sonntagsbraten, einen Hund, zu. Sein Fleisch schmeckt ähnlich wie das vom Rind.

Nachfolgende Doppelseite: Der Fluß des Goldenen Dreiecks, der Mae Nam Kok – ein Strom, dessen wunderschöne Uferlandschaften zum Träumen hinreißen. Unweit von dem Punkt, an dem Thailand, Myanmar und Laos zusammentreffen, mündet er in den Mekong.

Inmitten einer imposanten Landschaft liegt die Akha-Ortschaft Doi Tung, die vorwiegend von Christen bewohnt wird. Am Horizont des Abendhimmels kann man Myanmar und die Volksrepublik China erkennen.

Die schönsten Ziele im »Land der Freien und des Lächelns«

Boomtown in Fernost

Bangkok hat sich in den neunziger Jahren verändert wie kaum eine andere Stadt in Südostasien. Die thailändische Hauptstadt boomt, während man in westlichen Gefilden über Rezession klagt. Beim Anflug auf den internationalen Flughafen Don Muang, der Anfang des kommenden Jahrhunderts von einem noch größeren Airport mit einer Kapazität für rund sechzig Millionen Passagiere pro Jahr abgelöst werden soll, fallen riesige Neubausiedlungen auf – im Bau oder gerade fertiggestellt. Die achtspurige Straße vom Flughafen in die Stadt bekam auf mehreren Kilometern Länge ein Double auf Stelzen. Hier entsteht ein Shopping Center, dort ein Wohnsilo, eine Bank, ein Hotel: Mosaiksteine im riesigen Skyline-Gebilde. Im Frühjahr 1993 wurden die sogenannten Taxi-Meter, Taxis mit Fahrpreisanzeiger, eingeführt. Wer eine Lizenz haben wollte, mußte ein fabrikneues klimatisiertes, fünftüriges Auto mit geeichter Uhr vorweisen. Resultat: Binnen zwei Monaten hatte Bangkok 20 000 nagelneue Taxis mehr. Dabei ließ sich Bangkoks Luft schon vor dieser Invasion kaum atmen, und die Straßen waren bereits so verstopft, daß dies am Landgericht in Frankfurt am Main aktenkundig wurde. »Daß das Vorankommen im Verkehrschaos von Bangkok mühsam und zeitraubend ist, kann als allgemein bekannt vorausgesetzt werden und stellt keinen Reisemangel dar«, urteilten die Richter und schmetterten die Klage eines vom Verkehr entnervten deutschen Touristen ab.

Klassisch schön war Bangkok nie – aber diese Stadt läßt keinen kalt. Sie strotzt vor Leben, sie kommt nie zur Ruhe, ihre Gegensätze sind frappierend. Und kaum einer kann den Sieben-Millionen-Moloch umgehen: Fast alle Thailand-Touristen landen in »BKK«. Und alle Wege im Königreich führen in die Hauptstadt. Man kann leicht hängenbleiben in Krung Thep, so der frühere, abgekürzte Name, der in voller Übersetzung eine ganze Geschichte zu erzählen weiß: »Stadt der Engel, größte aller Lagerstätten unsterblicher göttlicher Juwelen, mächtiger, unbezwingbarer Platz, neunfach mit Juwelen geschmückte königliche Hauptstadt, göttliche Unterkunft des wiedergeborenen Vishnu.«

König Chao Phraya Chakri, der von 1782 bis 1809 herrschte, zeichnet für den stolzen Namen verantwortlich. Bekannt ist der König als Rama I. Diesem Namen begegnen Touristen unter anderem auch auf der Rama I. Road, achtspurig angelegt, zehn- bis zwölfspurig befahren. Dabei verheißt des Königs langer Name kurze Wege: Chao Phraya – so heißt auch Bangkogs großer Fluß. Bangkok entspannt genießen – jawohl, das kann man! – heißt nicht nur, dem Verkehrschaos aus dem Weg zu gehen, sondern auch das richtige Domizil zu finden. Ideal, direkt am Fluß gelegen, ist das ehrwürdige Hotel *The Oriental*, dessen alten Flügel man sich nicht entgehen lassen sollte – auch wenn man nicht bereit ist, mehrere tausend Baht für eine Übernachtung zu bezahlen. Es wurde 1876 als erstes Haus am Platz gegründet und gilt seit 1885, als Prinz Luigi, der Neffe des italienischen Königs, zu Gast weilte, als das Hotel in Bangkok, das gekrönte Häupter, Schriftsteller und Künstler, Stars und Sternchen wählen. Seit den achtziger Jahren gilt die Nobelherberge, die zur Hongkonger Mandarin-Oriental-Gruppe gehört und seit 1967 von dem Deutschen Kurt Wachtveitl geleitet wird, als bestes Hotel der Welt. Das Oriental zählt international zu den wenigen Hotels, das zum Sightseeing-Pflichtprogramm einer Stadt gehört. In der Author's Lounge, in der schon Joseph Conrad, Rudyard Kipling oder Somerset Maugham in bequemen weißen Korbstühlen sinnierten, vermitteln Fotos aus längst vergangenen Tagen, hochgewachsener Bambus und die pompösen Aufgänge zu den nach Schriftstellern benannten Suiten eine Atmosphäre wie zu Kolonialzeiten. Ein Muß, sie zu schnuppern!

Vom Pier »Orienten« direkt vor dem Hotel kann man sich per Linienboot auf den Weg machen zu 400 Tempelanlagen, 4000 Kleinigkeiten am Wegesrand oder 40 000 Garküchen. Bangkoks Vielfalt gleicht einem Mikrokosmos. Hier fröhlich badende Kinder im schmutzigen Wasser des Chao Phraya, dort an der Landungsbrücke eine Dame in schneeweißem Kostüm mit schwarzen Seidenhandschuhen. Hier ein typisches Tuk-Tuk, das knatternde Dreirad-Taxi der Einheimischen, dort ein silberner Rolls-Royce mit Chauffeur. Hier eine Garküche mit einfachen Hockerchen und herrlich duftenden Speisen, dort das vollklimatisierte Restaurant, in dem sich der Fremde einen Pullover mehr als alles andere wünschen würde, weil scheinbar ganz Bangkok die Angewohnheit hat, Klimaanlagen stets auf Tiefstwerte einzustellen. Ein Thai-Mädchen in Schuluniform steht im Bus neben dem Yuppie im Outfit von Armani, Boss und Co. Die Chinesen haben ihr Chinatown, die Expats, in Bangkok ansässige Fremde, leben hauptsächlich in der Umgebung der Silom Road; Pauschaltouristen bevölkern die Sukhumvit

Possierliche Affen werden auch als Haustiere gehalten.

Road, und Rucksackreisende aus aller Welt drängeln sich in der kleinen Khaosan Road. Während der Monsunzeit zwischen Juni und Oktober stehen die Straßen unter Wasser wie vor hundert Jahren. Geschäftsleute aus hypermodernen Bürogebäuden und edlen Läden kommen damit aber ebenso zurecht wie die einfache Gemüsefrau mit Badeschuhen an ihren nackten Füßen. Bangkok, die Stadt mit Leben rund um die Uhr, bedeutet Faszination und Erschrecken, Liebe und Haß. Es gibt keine klassische City, die Stadt ist Wildwuchs, für Städteplaner ein echter Alptraum: windschiefe Wellblechhütten, Wolkenkratzer, versteckte Bordelle, goldene Chedis, zusammengewürfelt und trotzdem harmonisch vereint.

Wahrscheinlich ist es das Chaos, das anzieht, das »one night in Bangkok« als nicht genug erscheinen läßt. Allein *Wat Phra Kaeo* ist eine Reise und einen ganzen Tag wert: lupenreine Thai-Architektur, 1783 fertiggestellt. Das Heim des *Smaragd-Buddha* gilt als eine der spektakulärsten Tempelanlagen der Welt. Auf einer Fläche von rund 3000 Quadratmetern gehen jedem Besucher ob dieser gewaltigen goldenen Opulenz und der präzisen Filigranarbeiten die Augen auf. Zwölf bis zu sechs Meter hohe Wächterfiguren, sogenannte Yaks, bewachen den heiligen Bezirk um den nur 66 Zentimeter großen Smaragd-Buddha. Ihre grimmigen Gesichter sollen die bösen Geister vom guten Buddha fernhalten.

Kaum 800 Meter weiter liegt in südlicher Richtung *Wat Pho*, Bangkoks ältester Tempel. Die englische Bezeichnung, »Temple of the Reclining Buddha«, bezieht sich auf das berühmteste Heiligtum des Tempels, 45 Meter langen und 15 Meter hohen »liegenden Buddha«. Außerdem sind etwa 400 weitere, meist vergoldete Buddha-Statuen zu bestaunen. Wat Pho ist nicht so spektakulär wie der Königstempel, strahlt aber dafür wesentlich mehr Ruhe aus und sollte in keinem Besucherprogramm fehlen.

Mit einer Fähre ab »Tha Thien«, drei Fußminuten von Wat Pho entfernt, gelangt man zum »Tempel der Morgenröte«. *Wat Arun* liegt auf der anderen Seite des Flusses in **Thonburi**, der eingemeindeten Schwesterstadt Bangkoks, in der man in den frühen Morgenstunden mit einem gecharterten Boot auch noch einige versteckte, authentische *Schwimmende Märkte* entdecken kann. Ab Mittag darf versichert werden, daß die Marktfrauen lediglich fotogen für Touristen umherpaddeln.

Wat Arun ist einer der wenigen Plätze in Bangkok mit Überblick. Von hier hat man eine herrliche Sicht auf den Königspalast, das rege Treiben auf dem Fluß und die immer mächtiger werdende Skyline. Abgesehen von diversen Bürohochhäusern und manchen Hotels ist nur noch der Blick vom *Golden Mount*, dem »Goldenen Berg«, mit

Hier ißt das Auge mit: Die Garküchen am Straßenrand sind aus dem Stadtbild von Bangkok nicht wegzudenken.

Wat Saket vergleichbar gut. Der Tempel über den Dächern der Stadt eignet sich aber nicht nur als Ausguck, sondern auch bestens als Kontaktbörse: In zwangloser Atmosphäre begegnet man hier in der Nähe des monumentalen Demokratie-Denkmals Novizen und Mönchen. Die Safrangelb-gewandeten suchen den Kontakt zu Touristen, um etwas Englisch zu lernen, zuzuhören und zu sprechen. Sie erzählen gerne über Bangkok, Buddha und die Besonnenheit im Leben. Auch Frauen dürfen mit den Mönchen sprechen. Die Devise in Thai-Englisch zu diesem heiklen Thema lautet klar: »Can speak, cannot touch!« – »Sprechen erlaubt, berühren verboten!«

Direkt am *Chao Phraya*, ebenfalls auf der Thonburi-Seite gelegen und einfach per Boot erreichbar, sollte man sich die Bootshalle mit den wertvollen *Königsbarken* nicht entgehen lassen. Sie werden heute nur noch zu offiziellen Anlässen zu Wasser gelassen und dürfen nicht fotografiert werden.

Ganz in der Nähe findet sich eine recht makabre Sammlung: Im *Siriaj-Krankenhaus* sind neben Föten auch in Formaldehyd konservierte Schädel von hingerichteten Verbrechern und der ganze Leichnam eines chinesischen Massenmörders ausgestellt. Um bei Kuriosem zu bleiben: Es war am Chao-Phraya-Fluß, in dem ein bis heute weltberühmtes Zwillingspaar erstmals von einem Westler gesichtet wurde. Nach ihrer Entdeckung versetzten Chang und Eng fünfzig Jahre lang als Zirkusattraktion Amerika in Staunen. Die unzertrennlichen Brüder waren niemand anderes als die Siamesischen Zwillinge.

Wieder zurück auf der Bangkok-Seite des Chao Phraya, bietet sich ein Bummel durch *Chinatown* mit dem ältesten Markt der Stadt an. Auf dem *Thalaat Khao* werden schon seit etwa 200 Jahren

Für den kleinen Hunger zwischendurch: Die Thais lieben ihre Straßenküchen.

Mobile Händler bieten in den Straßen von Bangkok alles erdenklich Mögliche feil.

Gemüse, Blumen und Reis verkauft. Durch die überdachte Minigasse Sampeng Lane gelangt man schließlich ins Herz von Chinatown. Alles Mögliche und Unmögliche darf angeschaut und gekauft werden. Das Viertel mutet an wie ein Basar. Die seltsamsten Gerüche vermischen sich. Hühnchen werden geköpft, und nebenan liegen Schenkel und Hühnerbrust auf dem Grill. Beim Friseur werden nicht nur die Haare geschnitten oder der Bart rasiert, sondern auch fachmännisch mit wattierten, langen, dünnen Holzstäbchen die Ohren geputzt. Unaufgefordert wird zudem der verspannte Rücken kurz, aber kräftig massiert. Der Farang, der weiße Ausländer, wundert sich aber auch über Autos aus Papier. Des Rätsels Lösung: Sie dienen den Chinesen als brennbare Opfergaben für verstorbene Verwandte.

Wenige Schritte weiter – oder eine kurze, aber trotzdem abenteuerliche Tuk-Tuk-Fahrt später – ist die weltweit größte Goldansammlung in einem Stück zu bestaunen: Im äußerlich sehr unscheinbaren *Wat Trai Mit* steht ein 5500 Kilogramm schwerer Buddha aus 18 Karat Gold mit dreieinhalb Metern Höhe. Aus der Vielzahl an Tempeln ragt noch *Wat Benchamabophit*, der jüngste der königlichen Tempel, heraus. Kostbarer Marmor ist das eine Novum, die nicht den Normen des traditionellen Baustils unterworfene Architektur das andere. *Wat Suthat*, »Tempel der Schaukel«, bietet fast so viele Buddha-Statuen wie *Wat Pho*. In Form einer chinesischen Dschunke präsentiert sich *Wat Yannawa*, und im *Wat Bowon Niwet* lebt kein Geringerer als der »buddhistische Papst«.

Unvergessen wird auch ein Besuch beim *Erawan-Schrein* bleiben. An einer der meistbefahrenen Kreuzungen an der Ploenchit/Ecke Ratchdamri Road, im Schatten des nach der berühmten Stätte benannten Luxushotels Grand Hyatt Erawan, erleben Fremde ein Stück Bangkok pur. Versunken ins Gebet, Räucherstäbchen opfernd oder den Schrein mit Blumen verzierend: Hier treffen sich alle Klassen und gesellschaftlichen Schichten, um Gott Brahma mit den vier Gesichtern zu verehren. Einen ganz anderen Eindruck von Bangkok bietet das *Jim-Thompson-Haus*, das abseits

Yaks sollen am Wat Phra Kaeo böse Geister vertreiben.

vom Trubel an einem der wenigen verbliebenen Klongs, wie die Kanäle bezeichnet werden, liegt. Das Museum mit Kunstschätzen aus ganz Südostasien ist in einem Wohnhaus alter Tradition untergebracht, das aus mehreren Teakhäusern besteht, die miteinander verbunden sind. Selbst für Museumsmuffel eine Attraktion!

Auch Morgenmuffel sollten sich einmal überwinden und früh aufstehen. Gegen halb sechs Uhr gibt es nämlich viel zu erleben, es ist noch nicht so heiß. Die Einheimischen sind fast unter sich. Da wird gewaschen, geputzt, geschwatzt und gelacht. Im Lumpini-Park sieht man alte Chinesen beim Tai-Chi. Und in der Nähe der Wats laufen die Mönche und Novizen schweigend umher und sammeln ihren Tagesbedarf. Wer etwas gibt, überreicht die Gabe mit beiden Händen, da nur eine Hand Halbherzigkeit bedeuten würde. Ganz wichtig: Der Geber bedankt sich, hat er doch eine gute Tat vollbracht, die später auch belohnt wird, zumindest hoffen die Thais darauf…

Denkt man an Bangkok, meint man oft genug auch das Nachtleben. In der Patpong, auf der Sukhumvit Road, besonders in der Soi Cowboy, findet sich schließlich auch das Klischeebild vom verruchten Rotlichtmilieu. Aber auf der Patpong und entlang der Sukhumvit Road kann man auch zum Einkaufen gehen. In die »sündigen« 300 Meter Patpong am Anfang der Silom Road darf man sich getrost trauen. Denn »shop until you drop« geht hier mit am besten. Die Schlepper für Sex-Shows und Massage-Salons braucht man dabei ja nicht weiter zu beachten.

Der River Kwai hat sich in den letzten Jahren zum beliebten Ausflugsziel der Einwohner von Bangkok entwickelt.

Berühmte Brücke im Westen

Das ländliche Erholungsgebiet *Rose Garden* liegt dreißig Kilometer westlich der Landeshauptstadt. Der Vergnügungspark gehört zum Pflichtprogramm eines jeden Touristen, der in kürzester Zeit möglichst viel erleben will. Von Handwerkskunst über eine Showeinlage in *Thai-Boxen* bis zur Elefantendressur oder einem kleinen Hahnenkampf wird in einem wunderschönen Park ein breiter Querschnitt aus dem vermeintlichen thailändischen Alltagsleben vorgeführt.

Wenige hundert Meter weiter findet der Besucher eine kleine Krokodilfarm, und wer in Richtung Ostküste fährt, hat bei Samut Prakan Gelegenheit zu einem Abstecher auf eine noch wesentlich größere Farm.

Einziger kultureller Höhepunkt in der Umgebung des Rose Garden ist der *Phra Pathom Chedi* von **Nakhon Pathom**. Mit knapp 120 Metern ist die orangefarbene Pagode, der Pathom Chedi, das höchste buddhistische Bauwerk weltweit. Der Tempel wurde vermutlich schon im 4. Jahrhundert errichtet, erfuhr aber im Lauf der Zeit vielfache Veränderungen. Erst vor etwa hundert Jahren erfolgte die Überbauung mit dem prunkvollen hohen Chedi.

Eine Möglichkeit für einen gemütlichen Tagesausflug ab Bangkok ist **Damnoen Saduak**. Man verläßt die Stadt in südwestlicher Richtung und fährt vorbei an etlichen Salzfeldern. Mit einfachen Tragegestellen aus Bambus wird das noch sehr grobkörnige, schneeweiße Salz auf parkende Lastkraftwagen verladen. Die Männer arbeiten hart – und für wenig Geld. Bei einem eventuellen Fotostopp sollte man den Trägern mit Respekt begegnen, um Erlaubnis zum Fotografieren bitten und vielleicht auch eine Zigarette anbieten.

Bilder vom *Schwimmenden Markt* in Damnoen Saduak hängen vermutlich in jedem zweiten Reisebüro und zieren fast alle Bücher über Thailand. Und tatsächlich: Hier findet man die Postkartenmotive live. In Damnoen Saduak paddeln die Marktfrauen mit lila Schirmchen, wohlgeformten, hohen Reisstrohhüten, köchelnden Leckereien und saftig grünen Papayas auf und ab. Die schmalen Boote gleiten fast lautlos aneinander vorbei. Nur leider ist inzwischen jedes dritte Boot mit weißen Langnasen besetzt. Die Attraktion Damnoen Saduak hat sich natürlich herumgesprochen, mit der Folge, daß die Besucherzahlen gestiegen sind. An den kleinen Klongs wurden auch spezielle Wege für Fußgänger angelegt, die einen genau ausgeklügelten Trampelpfad markieren. Ein Entkommen aus der Wegvorgabe ist nicht möglich. Der Schwimmende Markt ist hermetisch abgeriegelt... Dennoch lohnt der Besuch und trotz der touristischen Vermarktung gilt nach wie vor: Je früher man am Morgen kommt, desto anmutiger und authentischer ist das Gesamtbild – und desto schöner später die Fotos.

Nach dem Besuch des Schwimmenden Marktes sollte man es nicht versäumen, sich mit einem Longtail-Boot durch den Ort und die Umgebung fahren zu lassen. Alte Holzpfahlhäuser, meist jeweils mit eigenen Bootsgaragen nebenan, reihen sich entlang der breiten und schmalen Klongs. Hier kann man wirklich von einem »Venedig des Ostens« sprechen, denn für ganze Viertel ist das Wasser der einzige Zufahrtsweg. Ähnlich wie in Thonburi und außerhalb Bangkoks entlang des Chao Phraya ist der Fluß *Kwai Yai* mit seinen Verzweigungen für die Menschen Lebensraum, Arbeitsplatz, Badezimmer und Spielplatz zugleich.

Die Region gilt als der »Garten Thailands«. Riesige Obst- und Gemüseplantagen versorgen nicht nur die Leute in der Provinz Ratchaburi, sondern auch den Großraum Bangkok. So erklärt sich die Existenz des größten Schwimmenden Marktes in Thailand. Von den Plantagen wurde die Ernte auf Boote verladen, sofort zum Markt auf dem Wasser gebracht und zum Verkauf angeboten. Heute ist dieser Transportweg kaum noch gebräuchlich, und die Marktfrauen in ihren Booten veräußern das meiste Obst und angerichtete Speisen aus der Garküche hauptsächlich an hungrige Touristen. Wem der Rummel zu groß ist: Der Schwimmende

Sonntagmorgen auf dem Sonnendeck des Hausboots.

Großreinemachen im Pfahlbau: Die »Veranda« muß von Algen- und Schlammbelag gesäubert werden.

Markt in **Bang Nok Khwaek** ist eine gute Alternative. Langschläfer, die Bangkok nicht schon um fünf bis sechs Uhr morgens verlassen wollen, um rechtzeitig nach Damnoen Saduak zu kommen, sollten sich nach **Amphawa** aufmachen. Dort wird der Schwimmende Markt nach Einbruch der Dunkelheit abgehalten. Beide Orte liegen in der südlich von Damnoen Saduak gelegenen Provinz Samut Songkhram. Neben dem Schwimmenden Markt ist die bekannteste Touristenattraktion im Westen von Bangkok eine Brücke. Sie ist weder architektonisch besonders gut gelungen, noch wartet sie mit irgendeinem Längen-, Höhen- oder Gewichtsrekord auf. Und dennoch kennt sie fast jeder: die *Brücke am River Kwai*. Es war David Lean mit der Hollywood-Verfilmung »Die Brücke am Kwai« – nach einem Roman von Pierre Boulles –, der den Ruhm begründete. Dabei steckt hinter der Brücke eine äußerst traurige Geschichte. Gefangene mußten während des Zweiten Weltkriegs eine Eisenbahnstrecke von Thailand nach Burma bauen, damit die Japaner schneller Nachschub an Truppen und Material heranschaffen konnten. Um über den Kwai zu kommen, war die Konstruktion der besagten Brücke notwendig. Nach nur 13 Monaten konnte die über 400 Kilometer lange Strecke schon befahren werden. Aber zu einem hohen Preis: Etwa 100 000 Gefangene ließen unter den menschenunwürdigen Bedingungen der japanischen Besatzungsmacht ihr Leben. Es wird gesagt, daß jede gelegte Bahnschwelle ein Leben gefordert haben soll. In **Kanchanaburi** erinnert eine Gedenktafel an das grausame Schicksal der Kriegsgefangenen aus Malaysia, Singapur und Indonesien.

Landschaftlich ein Genuß ist das beliebte Rafting auf großen Bambusflößen auf dem Kwai Noi, dem Kwai Yai oder dem Mae Klong, wie der Fluß nach dem Zusammenfließen des »großen« und »kleinen« Kwai heißt. Besonders auf dem Kwai Yai zieht man geruhsam an schwimmenden Häusern vorbei. Auf das Baden im Fluß – wie es die Einheimischen vormachen – sollte man aus hygienischen Gründen allerdings verzichten.

Zum Schwimmen fährt man besser nach **Cha-Am**, einem typischen Fluchtpunkt für gutbetuchte, großstadtgeplagte Familien aus Bangkok, oder noch besser, weitere 25 Kilometer südlich, nach **Hua Hin**. Einmal im Jahr gesellt sich sogar König Bhumibol Adulyadej unter die Sommerfrischler in dem noblen Badeort, der sich trotz des zunehmenden Touristenaufkommens den Charme eines Fischerdorfs bewahrt hat. Hier ist »oben ohne« tabu, Bars sind weit und breit nicht zu sehen. Hier mischen die Alten mit im Alltag, und hier trauen sich die Mönche trotz des Badeortcharakters auf die Straße. »Fern aller Sorgen« heißt die königliche Sommerresidenz, und fern aller Sorgen nimmt man im Railway Hotel, einem trotz Modernisierung charmanten Kolonialstilgebäude, unter den sich langsam drehenden Deckenventilatoren einen Drink zu sich. Fern aller Sorgen kann sich der neugierige Besucher auf den Weg zum *Wat Takiap* machen, das hoch über der fünf Kilometer langen, sichelförmigen Bucht liegt. Doch Vorsicht: Der Hügel wird von unzähligen rotzfrechen Affen besiedelt. – So schön Hua Hin auch ist, im Wettstreit um die Top-Strände im Land – und damit vielleicht in ganz Asien – besitzt der Badeort kaum Chancen auf den Sieg. Dieser Titel wird im Süden vergeben.

Sündenbabel der Welt

Auch **Pattaya** und sein recht schmaler, mittelprächtiger Strand kann im Wettstreit der besten Strände nicht mithalten. Mit dem ehemaligen Fischernest ohne besondere Sehenswürdigkeiten ist es wie mit Dr. Jekyll und Mr. Hyde: weltberühmt, nicht weniger berüchtigt, tagsüber bürgerlich und brav, nachts verrufen und verrucht. Gewissermaßen hängt hier alles von Tabletten ab. Tausende von Aufputschpillen werden jeden Abend geschluckt. Die Mittel mit ihrer enormen

Beim Thai-Boxen ist jeder Körperteil ein Angriffsziel.

Wirkung sichern den einfachen, aber streng geregelten Rhythmus der etwa 100 000 Einwohner zählenden Touristenhochburg mit ihren jährlich 1,7 Millionen Besuchern. Doch wie bei Robert Louis Stevensons persönlichkeitsgespaltener Figur ist der erstaunliche Lebenswandel im Fall

Wenn die Leuchtreklamen im Vergnügungsviertel von Pattaya angehen, wird für viele die Nacht zum Tag.

einer ganzen Stadt keineswegs auf den ersten Blick erkennbar. Wer tagsüber mit dem Bus auf dem Weg nach Ostthailand in die Stadt hinunterrollt, kann kaum glauben, in einer der Sexhauptstädte der Welt gelandet zu sein. Käme der Transitreisende jedoch nachts vorbei, würde er sich fragen, wo hier die vielen Familien aus aller Welt zu Urlaub und Erholung kommen sollen.

1,7 Millionen Gäste pro Jahr bedeuten zwar nicht gleich 1,7 Millionen Sextouristen. Dennoch gilt Pattaya schon lange nicht mehr als Seebad der ersten Kategorie. Viele der Reiseveranstalter buchen ihre Klientel mit Kindern lieber am südlich gelegenen, wesentlich ruhigeren *Jomtien Beach* ein, wo in den letzten Jahren ein Strandbad internationalen Zuschnitts mit guter Infrastruktur entstanden ist. Auch in Naklua im Norden ist es deutlich ruhiger als in Pattaya. Doch trotz der Jumbojet- und »Tripperklipper«-Fuhren hat der immer noch bekannteste thailändische Badeort, knapp 150 Kilometer südöstlich der Hauptstadt Bangkok gelegen, seinen Ruf als Familiendestination nicht verloren. Tagsüber tollen die Kids an den Pools der großen Hotelanlagen herum oder lärmen am handtuchschmalen Strand mit knatternden Jetskiern um die Wette. Pommes-Buden, Hamburger-Lokale, schöne Hotels, nette Läden mit extrem günstigen Textilien, Einheimische, die sich um die Gäste fürsorglich kümmern, die Bild-Zeitung – alles ist vorhanden. Natürlich auch sich im Wind wiegende Palmen, ein immer warmes Meer, tropische Sonne und – nicht zu vergessen – der Imagegewinn zu Hause. Alles in allem recht günstig: Mallorca im Fernen Osten sozusagen.

Gegen Abend, wenn der Akku der Kinder Richtung Null strebt, und sich unter den Sonnenanbetern am Strand Aufbruchstimmung breit-

In den Bars von Pattaya floriert der Sextourismus.

macht, ist der Schichtwechsel voll im Gange, sind Begegnungen zwischen Bade- und Sextouristen unvermeidlich. Das Erstaunlichste dabei ist der reibungslos funktionierende Ablauf. Der Publikumswechsel fällt täglich auf sechs Uhr. Das hat die Natur nahe des Äquators so eingerichtet. Um sechs Uhr morgens geht die Sonne auf, um sechs Uhr abends geht die Sonne unter. Dann genießen die Familien das Hotelleben, während zwischen Beach Road und Pattaya 2 Road sowie zwischen den 16 Sois, den schmalen Verbindungsgäßchen, in unzähligen Bars dumpfe Bässe den Magen und grelle Lichtorgeln die Augen auf eine lange Nacht einstimmen. Es liegt an den zigtausend Mädchen, daß die alleinreisende Männerschar in Pattaya den Tag mehr oder weniger verschläft. Pünktlich um sechs schlucken die Frauen ihre Tabletten: starke Aufputschmittel, mit Wirkung für die kommenden zwölf Stunden. Nichts wäre geschäftsschädigender für Pattayas Nachtleben als Mädchen, die mit dem Kopf auf dem Tresen den Schlaf der Gerechten schlafen würden. Also haben Pattayas Barbesitzer – nicht wenige sind Europäer, auch wenn thailändische Strohmänner offiziell die Chefs spielen – die »tablets« ihren »Ködern« verschrieben.

Die meisten der Mädchen kommen direkt aus dem Norden des Landes, aus Khon Kaen, aus Udon Thani, aus den Dörfern des Isan. Dort, im »Armenhaus Thailands«, haben sie für wenige Baht auf den Reisfeldern gearbeitet. Dort waren sie um sechs Uhr morgens putzmunter, arbeiteten auf dem Feld und gingen bei Sonnenuntergang ins Bett. Aber das Geld lockte. Sie hörten mit großen Ohren von Bangkok und von Pattaya, wo man an einem Abend leicht einen ganzen Monatslohn und mehr verdienen kann.

Nun hocken sie kichernd hinter der Bar. Sie schreiben ihren Eltern begeisterte Briefe vom tollen Job als Bedienung in einem Touristenlokal, wo es so viel Trinkgeld gibt, daß die ganze Familie damit versorgt werden kann. Sie sind keine schlechten Menschen, tragen ihr Buddha-Amulett wie früher und halten das Sai Sing in Ehren, das ihnen Mönche am rechten Handgelenk nach gemeinsamen Gebeten verknoten.

Sie warten, bis sie den Gästen auf den Barhockern nachschenken können – und bis sie hoffentlich gebeten werden mitzukommen. Dann freuen sich alle, denn nur wer mitgenommen wird, hat die Chance, großes Geld zu verdienen. Und schließlich geht es in gute Hotels, auch mal zum Kickboxen, wo eine tolle Stimmung herrscht, in

Shows, bei denen ihre Landsleute in komischen Lederhosen auftreten, oder auf die Go-Cart-Bahn. Selbst wenn der Typ knausrig ist und denkt, mit einer Auslösegebühr an der Bar sei das Mädchen schon bezahlt, hätte sie doch immerhin gutes Essen und vor allem auch Abwechslung vom stupiden Barleben. Nur leider ist keine Kon-

Bayern in Pattaya: die Bavarian-Beer-House-Kapelle.

versation möglich. An der Bar nicht, weil die Musik zu laut ist, und später nicht, weil das Mädchen ja meist noch weniger Englisch kann als die Gäste. »My name is... Where you come from? How long you stay? I can come with you...« – »Mein Name ist... Woher kommst du? Wie lang bleibst du? Ich kann mit dir gehen...« – mehr als ein paar Brocken ist einfach nicht drin. Das ist die andere Seite der nicht so heilen Ferienwelt: für eine Nacht – oder für zwei Wochen, in jedem Fall mit Vollpension.

Die Maggi-Küste

Aber der Osten Thailands besteht nicht nur aus dem »Sündenbabel der Welt«. Pattaya ist trotz seiner großen touristischen Bedeutung letztlich nur ein Ort an der knapp 500 Kilometer langen Küste, die bis an die Grenze zum östlichen Nachbarn Kambodscha reicht.
Am Anfang der Ostküste – von Bangkok aus gesehen – findet sich »Thailand auf eine Blick«: *Ancient City*. Das riesige Freilicht-Museum hat die Form des Landes und zeigt in der Regel in maßstabgetreuen Stein- und Holznachbildungen fast alles Sehenswerte – vom Königspalast in Bangkok über traditionelle Stammeshäuser im Norden bis zu wichtigen Tempelanlagen wie Prasat Hin Phimai oder Ayutthayas Ruinenfeld. Der Park ist weitläufig, wenig besucht und einen Ausflug wert – zumal für Leute, die nicht alles auf ihrer Thailand-Rundreise sehen können. Nur sechs Kilometer weiter ist zudem die berühmte Krokodilfarm beheimatet. Etwa 30000 Reptilien werden hier in der Nähe von **Samut Prakan** wegen ihres Leders gezüchtet. An einem Imbißstand darf Krokodilfleisch auch gekostet werden: Es schmeckt vorzüglich und ist im Geschmack mit Hähnchen vergleichbar. Auf den Kauf von Krokodilwaren sollte jedoch verzichtet werden: Die Einfuhr jeglicher dieser Produkte in die Staaten der Europäischen Union ist verboten. Für die Thailänder selbst ist die Ostküste ein wichtiger Landstrich – wegen des Fischerdorfes **Rayong**, denn hier wird *Nam Pla* hergestellt, das Maggi der thailändischen Küche, das auf keinem Tisch im ganzen Königreich fehlt, wenn es ans Essen geht. Schon kilometerweit vor dem Ort ist Rayong erriechbar. Der Grund ist denkbar simpel. Die ganze Gegend lebt vom Fang winziger Fische, die zu der Fischsauce Nam Pla verarbeitet werden. Eine große Flotte buntbemalter Schiffe, die jede Nacht für den Fang ausläuft, zeigt die Bedeutung, der Fischgeruch am Hafen die Intensität von Nam Pla. Arbeiter verrühren in kleinen Fabrikhöfen in Betonmischern die in der Sonne grellsilbrig glitzernden Fischwinzlinge mit grobem Salz. Nach ausreichendem Rotieren wird der Inhalt der Trommel in Zisternen gekippt, wo er ein paar Monate ziehen muß, was wiederum den strengen Geruch

Praktisch jede Ecke in Bangkok wird zum Markt.

Nervenkitzel für die Zuschauer auf einer Krokodilfarm.

verursacht. Ist der Reifeprozeß abgeschlossen, wird der Hahn aufgedreht, das goldbraune Nam Pla in Kanister abgefüllt und ins ganze Land verschickt. Auch wenn die Prozedur den Großraum Rayong in einen penetrant üblen Geruch hüllt: Nam Pla verfeinert viele Gerichte. Besonders zu gebratenem Reis und Nudelgerichten schmeckt es vorzüglich. Das »Fischwasser« – so die wörtliche Übersetzung – wird in der Regel noch mit kleingeschnittenen Chilischoten angereichert und heißt dann Nam Pla phrik. Aber als Farang sollte man vorsichtig mit dem thailändischen Maggi umgehen. Schon wenige Tropfen können das Essen höllisch scharf machen!
Rayong selbst hat ansonsten wenig zu bieten. Gleiches gilt auch für **Ban Phe**, ein kleines Dorf zwanzig Kilometer weiter östlich. Das Meer ist lehmig-braun, am Pier stinkt es nach Fisch wie in Rayong, und normalerweise würde sich in dieses gottverlassene Nest kein Tourist verlaufen – wenn da nicht **Ko Samet** wäre. Denn nur von Ban Phe aus fahren Boote hinüber auf die fünf Quadratkilometer große Insel, deren Silhouette schon vom Festland zu sehen ist.
Seit 1981 gehört Ko Samet zum Nationalpark *Khao·Laem·Ya*. Seitdem haben sich viele Bungalow-Anlagen auf der Insel angesiedelt. Kein Wunder: Auf Ko Samet ist von der braunen Dreckbrühe nichts mehr zu sehen – und nichts mehr zu riechen. Das Wasser ist dunkelblau und geht am Ufer je nach Untergrund in türkis oder smaragdgrün über. Und schneeweiße Badebuchten mit herrlichem Palmensaum locken...
Die Touristen verteilen sich auf etwa zehn Strände, wobei die meisten *Ao Phai* aufnimmt. Ein Ort, der kaum einen Wunsch der Feriengäste offenläßt: ob nach Büchern (auch deutschsprachig!) oder Surfbrettern, einer großen Auswahl an

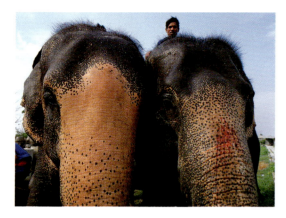
Domestizierte Elefanten sind wertvolle Arbeitstiere.

Restaurants und Unterkünften oder nach Liegestühlen und Sonnenschirmen. Am Strand kommen auch fliegende Händler vorbei und bieten von ihren tragbaren Grillstationen marinierte Hühnchensteaks und -schenkel oder aus der Garküche die teuflisch scharfe Papaya-Soup aus grünen, unreifen Papaya-Früchten an.

Ko Samet ist sicherlich der beste Ort, um in der Nähe von Bangkok (fünf Autobusstunden nach Ban Phe) zu faulenzen, gut zu essen, zu schwimmen, zu schnorcheln. Das gilt auch für die anderen Strände neben Ao Phai. Besonders *Ao Tantawan*, auch Ao Choh genannt, und *Ao Thian* im Osten sowie *Ao Phrao*, der Paradiesstrand im Westen, sind zu empfehlen. Zumindest jetzt wieder, nachdem die kleine Trauminsel mit ihrer Felsküste und den herrlich weißen Sandbuchten dazwischen 1992 für ein drei Monate dauerndes Großreinemachen von den Behörden für Besucher gesperrt war. Auch rund fünfzig Bungalowanlagen mußten schließen, weil sie ohne Erlaubnis gebaut wurden, sich die Besitzer nicht um die Müllentsorgung kümmerten und keine Maßnahmen für die Trinkwasserversorgung in Angriff nahmen. Heute wird das Trinkwasser per Boot herangeschafft, da das Inselwasser tatsächlich nur noch in großen Tiefen über Trinkwasserqualität verfügt. Ebenfalls auf dem Seeweg wird der größte Teil des anfallenden Mülls abtransportiert und schließlich auf dem Festland entsorgt.

Für Ängstliche noch eine wichtige Anmerkung: Ko Samet gilt als Malariagebiet. Die Anopheles-Mücke überträgt beim Stich verschiedene Formen der Tropenkrankheit. Es stechen nur die Weibchen und nur nachts. Langärmelige Kleidung, Insektenschutzmittel und das Schlafen in klimatisierten Zimmern oder unter einem feinmaschigen Moskitonetz sind daher ebenso zu empfehlen wie eine wirksame Prophylaxe. Die Tropeninstitute in Deutschland nennen auf Anfrage die wirksamsten Mittel, gegen die noch keine Resistenzen bekannt sind.

Die meisten Reisenden treibt normalerweise die Neugier in den oftmals unbeachteten Osten Thailands. Ein Muß für Neugierige ist das Granitmassiv des *Chao-Chamao-Nationalparks* im Hinterland. Regenwald wie aus dem »Dschungelbuch« tut sich auf: mit Echsen und Schmetterlingen, Elefanten und Tigern und natürlich unzähligen Affenarten. Wasserfälle prasseln hernieder (in der Regenzeit von Mai bis Oktober) oder sind nicht als solche zu erkennen (in der Trockenzeit von März bis Mai). Der Nationalpark ist als letztes Dschungelgebiet in der Provinz **Rayong** übriggeblieben, da die Umgebung hauptsächlich für große landwirtschaftliche Entwicklungsprojekte nach und nach abgeholzt wurde.

Die Hauptstadt der angrenzenden Provinz **Chanthaburi** ist allerdings nicht für ihre Agrarprodukte bekannt, sondern für edlere Dinge: In den kleinen Minen bei **Khao Phloi Waen** werden Saphire und Rubine geschürft. In Chanthaburi selbst sortiert man in den zahlreichen Edelsteingeschäften das angelieferte Rohmaterial, schleift, verarbeitet und verkauft die Steine. Die Stadt des Mondes – ein Hinweis auf den Glanz der Edelsteine – besitzt zudem die größte katholische Kathedrale im buddhistischen Siam. Sie wurde Ende des 19. Jahrhunderts von christlichen Vietnamesen erbaut, die sich in Chanthaburi niedergelassen

Ein Gibbon im Somphran Elephant Grown.

hatten und dort auch heute noch eifrig ihrem Flechthandwerk mit Schilfrohr nachgehen. Thailands unspektakulärer, provinziell bescheidener Osten hat aber noch ein weiteres Highlight zu bieten, die zweitgrößte Insel im Königreich, **Ko Chang**. Nur einen Steinwurf von der uninteressanten Grenzstadt Trat entfernt, ist das Dörfchen **Laem Ngop** der Ausgangspunkt zu der Insel, die bisher noch nicht im Sinne einer Reiseprospektbeschreibung erschlossen ist.

Man muß kein Abenteurer sein, um auf Ko Chang Urlaub zu machen, aber die Komfortansprüche sollten nicht allzu hoch liegen. Dann

Wandmalerei auf dem Gelände des Wat Phra Kaeo.

erwartet den Gast eine ruhige Insel mit aus Naturmaterialien erstellten Unterkünften und einfachen Restaurants. Die Strände an der zum offenen Meer hingewandten Westküste strahlen in zartem Goldgelb. *White Sand Beach* und *Klong Plao Beach* sind am schönsten, aber auch der *Long Beach* im Süden ist nicht zu verachten. Im Inneren wartet die dreißig Kilometer lange und acht Kilometer breite Insel mit üppiger Vegetation und hübschen Wasserfällen auf. Der Monsun fällt in dieser Region in der Regel sehr heftig, so daß ein Besuch in der trockenen Zeit zwischen November und April anzuraten ist. Auch Ko Chang ist Malariagebiet! Vorbeugung tut not.

Das Armenhaus des Landes

Phimai, bei Ancient City bereits als eine der wichtigsten Tempelanlagen Thailands erwähnt, liegt etwa fünfzig Kilometer nordöstlich der unscheinbaren Provinzhauptstadt **Nakhon Ratchasima** (auch einfach Korat genannt) und gilt als das Tor zum »Armenhaus des Landes«, dem Isan. Phimai selbst ist allerdings alles andere als arm, sondern beherbergt die mit Abstand bedeutendste Sammlung von Khmer-Kunst in Thailand. Die Anlage, Anfang des 12. Jahrhunderts errichtet, wird oft genug sogar mit dem berühmten Angkor Wat verglichen, obwohl Phimai deutlich kleiner als der Märchentempel im kambodschanischen Dschungel ist. Dank der Restaurierung ist der Tempel in eindrucksvoller Weise wiedererstanden. Weil nur wenige Steine verlorengegangen waren, konnte das zentrale Heiligtum wieder vollständig errichtet werden. Bis heute sind sich die Wissenschaftler im unklaren darüber, ob die Ruinenstadt zerstört wurde oder im Lauf von vermutlich acht Jahrhunderten – auch der exakte Entstehungszeitraum ist unsicher – zerfallen ist. Im Hauptheiligtum, dem Turm mit seinem quadratischen Grundriß, kreuzen sich zwei rechtwinklig zulaufende Gänge, die jeweils freie Sicht durch die Anlage gewähren. Von den ehemals vier Meter hohen Sandsteinmauern sind nur noch Reste zu sehen. Die reichlichen Verzierungen an den Sandsteinmauern des Tempels wurden dagegen hervorragend restauriert. *Garudas*, Schmuckmotive des »Königs der Vögel«, der mit Kopf, Schnabel, Flügeln und Klauen eines Vogels, aber Körper und Gliedern eines Menschen dargestellt ist, tragen den Turm. Lotusknospen, ein geringelter Schlangenleib als Sockel und erzählende Reliefs an den Wänden zeugen von hoher Bildhauerkunst. Auch wenn einige Statuen ins Nationalmuseum nach Bangkok überführt wurden, gehört Phimai sicherlich zu den Höhepunkten für den kunstinteressierten Thailand-Besucher.

Dieser läßt auch garantiert das malerisch gelegene Bergheiligtum **Prasat Hin Khao Phanom Rung** nicht aus. Nach einer Reihe von 130 halbhohen Säulen erheben sich fünf immer schmaler werdende Stufenterrassen. Darauf thront schließlich die *Stupa*, das Heiligtum, von dem man einen prächtigen Blick über die Reisfelder genießen kann. Besonders im warmen Abendlicht scheinen die Reliefs lebendig zu werden: Hier der schlafende Vishnu, dort der meditierende Brahma, und Shiva scheint sogar zu tanzen.

Abgesehen von diesen außerordentlichen Kulturstätten – viele Zeugnisse der Khmer-Kunst ruhen in dieser Region noch unberührt unter der Erde – prägt die Landwirtschaft den Isan. Ein ländlichruhiges Stück Thailand ohne große touristische Highlights, ohne Nachtclubs und Pools und vor allem ohne Hektik. Der Touristenstrom hat diese Gegend noch nicht erreicht. Mit einer Ausnahme: Am dritten Wochenende im November ziehen Tausende von Touristen nach **Surin**, einer rund 40 000 Einwohner zählenden Provinzhauptstadt zwischen Korat und Ubon Ratchathani. Dann treffen sich die Giganten, dann werden in eindrucksvollen Paraden und Wettkämpfen über hundert Elefanten präsentiert.

Zu zweit macht der Weg zur Arbeit mehr Spaß – in Nong Khai im Nordosten Thailands.

Der **Isan** ist das Land der Reisfelder, der Seide – und der Armut. Hier verdienen die Menschen am wenigsten im ganzen Land. Hier werden sogar Kinder, vornehmlich Mädchen, verkauft, um für die Familie die schlimmste Not zu lindern, wenngleich dies nicht mehr so häufig wie früher vorkommt. Sicher ist jedoch: Kinderarbeit gehört hier zum Tagesgeschehen. Von hier aus ziehen auch die Mädchen nach Bangkok, Pattaya, Phuket oder in andere Touristenhochburgen, um ihr Glück zu machen und um dann doch in irgendeiner Bar zu landen und mit Prostitution ihr Geld zu verdienen. Auch fast alle fliegenden Händlerinnen an den Stränden auf den Trauminseln kommen aus dem Nordosten. Viele Fischer und Arbeiter auf den Kautschukplantagen im Süden stammen ebenfalls aus dem Isan. Die schlechten Lebensbedingungen treiben die Menschen fort. In Bangkok wurde das Problem erkannt. Hunderte von Millionen Baht steckte die Regierung in zahlreiche Entwicklungsprogramme, die von der Gründung von Kooperativen bis hin zu Landzuweisungen reichten. Aber noch gilt der Lebensstandard im geplagten Nordosten als der niedrigste im Königreich, und die folgenschwere Landflucht konnte noch nicht entscheidend gestoppt werden. Obwohl der Isan die Region mit den bevölkerungsreichsten Provinzen ist – hier leben etwa 17 Millionen Menschen –, trug die geographische Isolation zum Entwicklungsrückstand bei. Zu Anfang des Jahrhunderts verband eine Eisenbahnlinie Bangkok und Nakhon Ratchasima. Erst 1926 wurde sie bis Ubon Ratchathani und 1955 bis Nong Khai verlängert. Bis in die sechziger Jahre gab es nur wenige Straßen, die ganzjährig befahrbar waren. Plötzlich bekam die Region an der Grenze zu Laos und Kambodscha im Indochinakrieg eine strategische Bedeutung, und endlich wurde das Straßennetz ausgebaut. Durch die Hilfsprogramme der Regierung wird die Region immer besser zugänglich, und die Touristen kommen, um Attraktionen und Sehenswürdigkeiten zu bewundern, denn im Isan zeigt sich Thailand von seiner unverfälschten Seite.

Mythologische Skulpturen im Park von Wat Khaek.

Auf dem Land riecht es überall nach frischem Reisstroh. Die Frauen, die üblicherweise die Landarbeit verrichten, tragen grobkarierte Kopftücher unter weit ausladenden Reisstrohhüten, um sich vor der brennenden Sonne zu schützen. Mit der Sichel wird geerntet, auf Tragstangen kommen die Garben zum Dreschplatz, wo nach dem mehrfachen Schlagen der Wind die Spreu fast von alleine wegweht. Wasserbüffel ziehen gemächlich den Pflug, auf Gestellen wird Tabak getrocknet, Korbflechter schälen Bambusstangen, und ganze Dörfer sind auf Stelzen gebaut.

Auf der anderen Seite lernt man im Isan Städte wie **Khon Kaen** kennen: unglaublich geschäftig, staubig, laut, heiß. Und trotzdem scheinen die Menschen dort Ruhe zu bewahren, sich Zeit zu nehmen. Der Fremde wird noch mit neugierigen Augen bestaunt. Kinder rufen lauthals »Farang! Farang!« – »ein Westler!«. Und nirgendwo hat man mehr Applaus und Anerkennung sicher, wenn man als Langnase freundlich mit dem thailändischen Wort »Sawadee« grüßt. Zu jeder Tageszeit genehmigt man sich einen Klebreis, die bekannte, leckere, einfache Spezialität der Gegend. Klebreis wird in der Regel einfach mit den Händen gegessen. Zunächst rollt man den Pappreis mit den Fingern geschickt zu Bällchen und tunkt diese dann in eine Sauce.

Khon Kaen, die größte Stadt des Nordostens, am sogenannten Friendship Highway nach Laos gelegen, wäre eine typisch thailändische Provinzstadt ohne große Bedeutung, wenn es da nicht die wertvolle Mutmee-Seide gäbe. Mutmee ist eine Webart, bei der die einzelnen Fäden gespannt, verknüpft und mehrmals eingefärbt werden, bevor das eigentliche Weben beginnt. Von Königin Sirikit weiß man, daß sie Ikat aus Khon Kaen bevorzugt, was auch ein bißchen Glanz auf die weiträumig angelegte Stadt abwirft. Beim jährlichen Seidenfest Ende November bis Anfang Dezember lassen sich alle Arbeitsschritte von der Verarbeitung der Kokons bis zum Fertigen des Endprodukts besonders gut beobachten.

Ein weiteres Fest findet zwar im ganzen Land statt, aber nirgendwo scheint es authentischer gefeiert zu werden als am *Nong Phra Jak*, dem See in **Udon Thani**. Die Handelsstadt unweit der Grenze zu Laos wird so gut wie nie von Touristen aufgesucht. Auch beim *Loy Krathong*, der ersten Vollmondnacht im November, nach der Regenzeit, sind die Thais unter sich. Der gesamte Verkehr steht still, denn die Menschen ziehen durch die Stadt zum See, um die Wassergeister zu versöhnen. Jeder trägt eine aus Bananenblättern geflochtene Schale mit Kerze und Räucherstäbchen. Am See wird die Schale mit der brennenden Kerze dann aufs Wasser gesetzt. Mit der Hand erzeugte, sanfte Wellen treiben sie hinaus. Der See wird auf diese Weise zu einem flackernden Lichtermeer – ein imposanter Anblick. Zum Abschluß krönt ein Feuerwerk das schöne Fest.

Noch weiter nördlich von **Nong Khai**, dem gemütlichen Städtchen am mächtigen Mekong, sieht man schon die Dächer der laotischen Hauptstadt Vientiane. Mit der Gemütlichkeit ist es allerdings vorbei, wenn zu Vollmond im Juli das *Bootsrennen auf dem Mekong* ausgetragen wird. Nach diesem sportlichen Ereignis versinkt der Ort wieder in seine Alltagsruhe und tätigt seine Geschäfte als Grenzstadt nach Laos.

Über Nong Khai kommt man aber auch ins wenige Kilometer südwestlich gelegene **Ban Phu** mit seinem recht unbekannten, aber sehenswerten Felsenkloster *Phra That Phuttabat Bua Bok*, zu 4000 Jahre alten Felszeichnungen und zu skurrilen Felsformationen, Felsdächern und Höhlen, die durch Erosion entstanden sind.

Ruhige Stunden am Fluß

Eine Kreuzfahrt auf dem Chao Phraya, der Lebensader des Landes, sollte bei einer Thailandreise nicht fehlen. Alte Teakholzbarken, mit klimatisierten Kabinen inklusive privater Dusche und Toilette auf modernsten Stand gebracht, ver-

Wilde Baumwolle wird von der Schale gelöst.

kehren ab Bangkok gen Norden in die alte Königsstadt Ayutthaya. Trotz Luxussanierung wirken die ehemaligen Reisbarken im hektischen Großstadtdschungel wie eine anachronistische Oase. Visionen einiger Städteplaner zufolge könnte der Chao Phraya eines Tages überbaut sein – mit einer mehrspurigen Autobahn, da es ansonsten vielleicht keinen anderen Platz mehr für den Ausbau des Straßennetzes von Bangkok gibt. Das Traurige dabei: So abwegig und realitätsfern die Idee zunächst klingen mag, von der Hand zu weisen ist sie nicht. Schließlich wurden schon so viele kleine Klongs, die alten Wasserstraßen in der Hauptstadt, zugeschüttet, um Raum für den Straßenbau zu gewinnen. Aber solange dieses Horrorszenario nur eine Vision ist, tuckern die Boote lediglich unter den sieben Brücken hindurch, die Bangkok mit der kleinen Schwester Thonburi verbinden. Nach der ältesten, der 1932 erbauten Memorial Bridge – die zugleich auch eine der verkehrsbeladensten ist – geht die Fahrt zunächst nach **Nonthaburi**, der Endstation der städtischen River Taxis. Schon hier herrscht ländliche Atmosphäre. Wenig später ist der Fluß bereits mit grünen Wasserhyazinthen übersät. Mehr und mehr bestimmen einfache Holzpfahlbauten mit Wellblechdächern das Bild an den Ufern statt der vorher dominanten, solide gebauten Steinvillen.

Fast hat man das Gefühl, daß Beschreibungen, wie sie Somerset Maugham vor siebzig Jahren lieferte, noch heute Gültigkeit besitzen, wenn man sich nur einige Kilometer vom Millionenmoloch Bangkok entfernt: Nicht nur Schwimmende Händler, die von Haus zu Haus fahren und ihre Waren anbieten, sind zu sehen. Der gesamte Alltag zieht romantisch vorüber: Ob das nun der paddelnde Postbote ist oder Kinder, die vom Schulboot abgeholt werden, oder Menschen aller Altersschichten, die am Fluß wohnen, sich im Fluß waschen und auf dem Fluß arbeiten – sei es als Fischer oder Fährmann. Der Menam Chao Phraya ist Lebensraum: Marktplatz, Straße, Spielplatz, Badezimmer, Mülhalde. Die flußabwärts rege verkehrenden motorisierten Frachtkähne, bis eine Handbreit über dem Wasser vollbeladen mit Sand für den Bauboom in der Hauptstadt, die flußaufwärts knatternden Ölbarkassen, die Patrouillenboote, Luxusjachten oder Touristenbarken scheinen nur als Begleitumstände und unfreiwilliges Eingeständnis an die Moderne neu hinzugekommen zu sein.

Der Palast, **Bang Pa In**, die Sommerresidenz der Könige mit Park und zahlreichen vollbusigen Schönheiten in Form von Steinstatuen, ist eine Zwischenstation auf dem Weg nach Ayutthaya, die man nicht missen sollte. Die Anlage war ein »Novum« in Thailand, und Europäer fühlen sich zeitweilig in ihre eigene Heimat zurückversetzt, ein paar Schritte weiter aber doch wieder mitten

Am Ufer des Mekong bei Nong Khai hat ein Fischer sein Netz in die Strömung geworfen und wartet auf fette Beute.

Mühselige Handarbeit: Reisanbau am Doi Inthanon.

in Asien. Der kleine Ort liegt nur etwa sechzig Kilometer außerhalb des Dunstkreises von Bangkok auf einer Insel im Fluß. Es war König Prasat Thong (1629–1656), selbst in Bang Pa In geboren, der dort an einem kleinen See ein Schlößchen bauen ließ, das in der heißen Trockenzeit als Zuflucht diente. Nach dem Hauptstadtumzug geriet Bang Pa In in Vergessenheit. Erst im 19. Jahrhundert wurde die Sommerresidenz von König Mongkut wiederentdeckt und – da im Lauf der Zeit verfallen – neu erbaut. Mongkut, bekannt als Rama IV., und sein Sohn und Nachfolger Chulalongkorn (oder Rama V.) sind als die Reformkönige in Thailands Geschichte eingegangen. Sie beschäftigten sich intensiv mit den politischen Ideen des Westens, sprachen Englisch und Latein und reisten selbst nach Europa. Von diesen Reisen brachten sie auch architektonische Ideen mit, die dem europäischen Besucher in diesem stillen und gepflegten Park sofort auffallen. Gleiches gilt natürlich auch für den Palast *Vehat Chamrun*, der 1899 von reichen Chinesen für Rama V. errichtet wurde. Sämtliche Baumaterialien wurden aus China herangeschafft. Kurios ist, daß dieser Palast ausschließlich während der Regenzeit genutzt wurde. Das Schönste in Bang Pa In ist aber zweifelsohne der Pavillon *Phra Thinang Aisawan Tippaya*, ursprünglich 1876 aus Holz gebaut und 1920 mit Eisenbeton stabilisiert. Auf einer Marmorplattform, von schlanken Säulen getragen, thront das Gebäude, das in seiner Art zum Symbol für die gesamte Architektur Thailands geworden ist. Kennzeichnend ist vor allem das Staffeldach mit glasierten, hauptsächlich grünen und orangeroten Ziegeln. Im Inneren steht eine lebensgroße Statue von Rama V.

Einen halben Tag sollte man sich für diesen Schloßpark mit seinen zahlreichen verstreut liegenden Gebäuden schon Zeit nehmen, zumal der Spazierweg meist unter schattenspendenden Bäumen entlang zahlreicher Lotusblumenteiche verläuft und leicht zu bewältigen ist.

Für **Ayutthaya** wiederum reicht nicht einmal ein ganzer Tag aus. Die alte Hauptstadt beherbergt heute die eindrucksvollste Ruinenstätte Thailands. Auch sie liegt strategisch günstig, umgeben von Wasser. Zum einen wird Ayutthaya vom Chao Phraya umspült, zum anderen vom

Unterwegs bei Si Satchanalai: In Thailand ist man auf viele Weise mobil.

Menam Pasak sowie vom Kanal Lopburi umschlossen. Schiffe konnten somit direkt an wichtigen Gebäuden anlegen. Das Areal ist sehr weitläufig: Allein der Kern des historischen Ayutthaya ist etwa fünf mal fünf Kilometer groß. Am besten nimmt man sich für die Erkundung ein Leihfahrrad oder ganz bequem eine Fahrradriksha.

Das alte Ayutthaya besaß nicht weniger als drei Paläste, 375 Tempelanlagen, 29 Forts und über 90 Stadttore. Im 16. und 17. Jahrhundert, der Blütezeit unter den Königen Naresuan und Narai, war das Ayutthaya-Reich der mächtigste Staat in Süd-ostasien und ein Zentrum des internationalen Handels. Rund eine Million Menschen bevölkerten zu dieser Zeit den Ort, der heute nur noch gut 60 000 Einwohner zählt. Die Könige förderten Architektur, Kunsthandwerk und Literatur.

Mittlerweile sind etwa neunzig Gebäude oder Ruinen soweit freigelegt und restauriert, daß sich ein Besuch lohnt. Der Glanz, die Macht und die Ausmaße sind trotz der vergleichsweise geringen Anzahl an Gebäuden gut nachvollziehbar.

Prang und Chedi (Aufbewahrungsorte für Reliquien und Grabmonumente), die vorherrschenden Bauwerke des Ayutthaya-Stils, haben ihren Ursprung in der Khmer-Kultur, letztlich zurückgehend auf den Sinngehalt indischer Vorbilder.

Der größte und noch recht gut erhaltene Tempel der »Unbezwingbaren«, so die Übersetzung von Ayutthaya, ist *Wat Phra Si Sanphet*. Drei weiße Chedis aus dem 15. Jahrhundert ragen, behutsam restauriert, aus den Trümmern und Ruinen her-

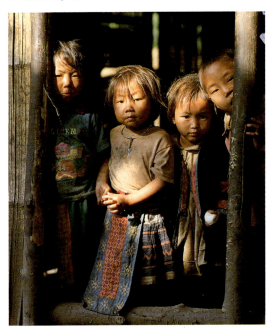
Mit skeptischer Neugier gucken Meo-Kids in die Kamera.

vor. In unmittelbarer Nähe befindet sich *Wang Luang*, der alte Königspalast, der dem jetzigen in Bangkok sehr ähnlich ist. *Viharn Phra Mongkol Bophit*, die Versammlungshalle, sollte man am besten morgens aufsuchen. Hier kann man die Mönche beim Gebet beobachten oder, wenn man Glück hat, auch beim Dankesgesang. Dann versammeln sich an die achtzig kahlgeschorene Mönche, gewandet in Tücher in den unterschiedlichsten Safrantönen. *Wat Mahathat*, einst mit einem fünfzig Meter hohen Prang Stolz und Erhabenheit ausstrahlend, ist ebenfalls besuchenswert – auch wenn der Turm heute nur noch etwa halb so hoch ist wie früher. Völlig zerstört ist das Gebäude von *Wat Lokaya Sutha* – und dennoch gilt das Gelände als ein absolutes Muß: Der weiße liegende Buddha mit einer Länge von zwanzig Metern schenkt seiner Umgebung unglaubliche Ruhe. Das liegt sicherlich auch an dem Lotuskissen aus Stuck, auf dem der Kopf des Buddhas mit sichtlichem Wohlgefallen ruht.

Außerhalb des historischen Kerns sollte zumindest *Wat Yai Chai Mongkhon* und das von außen recht unscheinbare *Wat Na Phra Men* aufgesucht werden. Das Kloster Yai Chai Mongkhon besitzt einen 62 Meter hohen Chedi und gilt als eine der ältesten und bedeutendsten Anlagen des Königreichs. 135 Buddhas aus jüngerer Zeit bieten ein eindrucksvolles optisches Erlebnis. Besonders der sitzende Bronze-Buddha und der steinerne schwarze segnende Buddha sind im Kloster Wat Na Phra Men die Anziehungspunkte. Auch *Wat Maheyong* bietet einen imposanten Anblick mit seinem glockenförmigen Chedi, der auf einem Sockel von Stuckelefanten ruht.

Diese kleine Auswahl der wichtigsten Sehenswürdigkeiten Ayutthayas gibt nur einen Bruchteil der Pracht wieder, die die frühere Millionenstadt ausgestrahlt haben muß und deshalb wohl auch eine besondere Anziehungskraft auf die Burmesen ausübte. Auf ihren Eroberungsfeldzügen besetzten sie Ayutthaya zwischen 1546 und 1560, ein weiteres Mal 1757 und schließlich 1767. Das war die letzte, alles vernichtende Eroberung. Zwei Jahre lang wurde Ayutthaya geplündert und total zerstört. Zur Wiedergutmachung schenkte die burmesische Regierung fast zwei Jahrhunderte später die oben genannte Versammlungshalle: als symbolischer Akt eine bemerkenswerte Geste, als Kompensation allerdings nicht der Rede wert.

Nicht der Rede wert sind im übrigen auch die vielen »historischen« Statuen, die zu einem »very special price« von den Souvenirhändlern auf dem

Statuen der Sukhothai-Ära sind Höhepunkte der Kunst.

Ruinenfeld angeboten werden. Erstens sind die Figuren nicht historisch, sondern höchstens ein paar Wochen alt, und stammen aus einer nahen Schnitzer- und Steinmetzwerkstatt. Und zweitens liegt der Sonderpreis um mindestens die Hälfte zu hoch für solch billige Plagiate.

Aufdringlicher als die Souvenirverkäufer sind die Affen auf der nächsten Station in Richtung Norden. **Lopburi**, lange Zeit ein wichtiges religiöses und politisches Zentrum, das erst mit dem Aufstieg des nahegelegenen Ayutthaya seine Bedeutung verlor, ist bekannt für seinen einfach gestalteten *Sarn-Phra-Karn-Schrein*, der inmitten eines Kreisverkehrs steht. Stets hungrige Affen belagern den Tempel. Der Überlieferung nach müssen sich die Einwohner Lopburis um die Tiere kümmern, nachdem die Affen mehrfach angriffslustig in Nachbargemeinden eingefallen sein sollen.

Kunstgeschichtlich wesentlich interessanter als die respektlosen Primaten ist allerdings die Tempelanlage *Mahathat* aus dem 12. Jahrhundert mit mehreren gut erhaltenen Prangs und das ebenfalls von Affen bevölkerte *Wat Prang Sam Yot* mit seinen drei erhöht stehenden Prangs aus dem 13. Jahrhundert. Lopburi ist ein kleiner und überschaubarer Ort, die Anlagen liegen zudem ziemlich nahe beieinander.

Auf engem Raum lebt man auch in **Phitsanulok** (das »t« in der Mitte und das »k« am Ende des Städte-namens wird nicht gesprochen). Etwa ein Achtel der knapp 80 000 Einwohner wohnt auf Hausbooten in der »Stadt der beiden Flüsse« (Nan und Kwai Noi). Ansonsten ist das Stadtbild ausgesprochen modern, da die früher hauptsächlich aus Holz gebauten Wohnhäuser in den fünfziger Jahren einem Großbrand zum Opfer fielen.

Als eines der wenigen Gebäude blieb *Wat Phra Si Rattana Mahathat* von der Feuersbrunst verschont. Der vergoldete Prang mit 36 Metern Höhe glänzt weithin sichtbar. Im Haupttempel findet sich ein ausgesprochen filigran gearbeiteter vergoldeter Bronze-Buddha, ebenfalls aus dem 14. Jahrhundert. Und wer sich über die zahlreichen Vogelkäfige auf dem Tempelgelände wundert: Die Vögel darin kann man kaufen und sie somit von ihrem eingeschlossenen Dasein befreien. Hinter diesem merkwürdigen Akt verbirgt sich schlicht eine grundlegende Lebensphilosophie der Thais: Tue Gutes, und Dir wird später selbst Gutes widerfahren.

»Morgenröte der Glückseligkeit«, so lautet die Übersetzung für **Sukhothai**. Die Stadt am Yom war das erste Machtzentrum der Thais, die 1240 dieses Gebiet den Khmer abrangen. Die thailändische Regierung hat den historischen Kern, der etwa zwölf Kilometer von der Neustadt entfernt liegt, zum Nationalpark erklärt. Erst seit 1988 ist die historische Stadt der Öffentlichkeit zugänglich. König Bhumibol selbst war bei diesem wichtigen Akt zugegen. Mit Hilfe der UNESCO wurden nicht weniger als 193 Tempel ausgegraben und viele davon auch rekonstruiert. Gräben und Teiche legte man trocken, um die ursprüngliche Anlage im historischen Kern der Stadt wieder im alten Glanz erstrahlen zu lassen.

Mitte des 13. bis Mitte des 15. Jahrhunderts war Sukhothai ein eigenes, mächtiges Königreich. Wat Mahathat, das wichtigste Kloster im Zentrum der zwei Kilometer langen und etwa eineinhalb Kilometer breiten Ruinenstadt, bestand in der Blütezeit aus 185 Chedis. Aber auch heute dominiert die Anlage noch das Bild – besonders wegen einer monumentalen Buddha-Statue aus dem 14. Jahrhundert, die von mächtigen Säulen des ehemaligen Bot, des zentralen Tempelgebäudes, flankiert wird. Die drei Prangs von *Wat Sri Sawai*, dem von einem Wassergraben umgebenen brahmanischen Heiligtum, das in einem Teich erbaute *Wat Sra Sri* und das etwas außerhalb des historischen Kerns gelegene *Wat Phra Phai Luang* gehören ebenso zu den wichtigsten Sehenswürdigkeiten in Thailand. Deshalb ist es erstaunlich, daß sich verhältnismäßig wenige Besucher nach Sukhothai aufmachen, obwohl die Stätte leicht mit Ayutthaya vergleichbar ist.

Am Wat Chedi Chet Thaeo in Si Satchanalai stehen sieben Reihen von Chedi um ein Heiligtum.

Im Goldenen Dreieck

Gerade von **Chiang Mai**, der zweitgrößten Stadt des Landes und dem Zentrum des Nordens, ist der Weg nach Sukhothai nicht allzu lang. Etwa 300 Kilometer sind es – im Vergleich zu den 700 ab Bangkok etwas mehr als ein Katzensprung. In jedem Fall sollte man aber zwei Tage für die historisch relevante Stätte einkalkulieren. Chiang Mai ist trotz seines Reichtums an Kulturstätten –

Chiang Mai, die »Rose des Nordens«, hat auch Dornen – ihr größter ist die Armut.

allein 79 Tempel gibt es im Stadtgebiet – oft nur der Ausgangspunkt für weiterführende Touren in den hohen Norden des berühmten Goldenen Dreiecks, zu den Bergstämmen rund um Mae Hong Son und Chiang Rai. Diese Region ist das Zentrum des Kunsthandwerks im Norden, Silberschmuck, Seide, Stickereien, Papierschirme, Töpferwaren, Celadon-Keramiken, Holzschnitzereien und vieles mehr wird hier gefertigt. Auch die Schönheit der umgebenden Landschaft drängt die Kulturstätten in den Hintergrund.

Das gilt für den fast quadratisch angelegten Altstadtkern von Chiang Mai mit einer Seitenlänge von knapp zwei Kilometern ebenso wie für die vielen Wats außerhalb des umschließenden Wassergrabens. Selbst der imposante 46-Meter-Chedi oder der grazile Bibliothekspavillon von *Wat Phra Singh*, der wichtigsten Tempelanlage der Stadt, steht im Schatten des fast 1700 Meter hohen Bergs *Doi Suthep*, der sich durch seine Größe vom fruchtbaren Tal gewaltig abhebt. Der *Doi Inthanon* mit seinen knapp 2600 Metern, westlich von Chiang Mai gelegen, ist sogar die höchste Erhebung Thailands. Von Regenwäldern bedeckt, beheimatet er zahlreiche Vogelarten und ist als Nationalpark ausgewiesen. Aber auch Touristenattraktionen wie das 24 Kilometer entfernte *Elephant Camp* im *Mae Sa Valley* lockt Leute aus allen Ländern der Welt an. Um die fünfzig Elefanten, meist auch ein paar Elefantenbabies, zeigen, was sie gelernt haben. Einstündige Ausritte auf den Dickhäutern kann man buchen. Dagegen hat es der von den Thais hochverehrte Buddha im *Wat Doi Suthep* natürlich schwer, in der Gunst der Fremden ebenso hoch angesiedelt zu sein.

Trotzdem: Die »Rose des Nordens« hat mit ihrem provinziellen Charme viel zu bieten. Chiang Mai ist wie Kino: Farben und Geräusche verschmelzen zu einem Spektakel. Gerüche betören die Nase, Geschäftsleute im Nadelstreifenanzug begegnen abgewanderten Stammesangehörigen der Bergvölker in ihren Trachten. Abgesehen von Pattaya tauchen in keinem Ort Thailands so viele Farangs im Stadtbild auf. Ob glänzende Buddhas, steil aufragende Chedis imposanter Tempel, ausgezeichnete Einkaufsmöglichkeiten oder das exzellente Essen auf dem Nachtmarkt: Hier kommt jeder auf seine Kosten, sofern das Wetter mitspielt. Denn der Norden ist die einzige Region Thailands, in der man schon mal frieren (im Dezember und Januar, besonders nachts), im Regen fast ertrinken (Juli bis Dezember) oder sich im dichten Nebel total verirren kann. Neblig ist es oft frühmorgens, wenn die Mönche, ihre runde Schale in den Händen tragend, von Wat Phra Singh oder *Wat Chiang Man* losziehen, um ihre Tagesration zu sammeln.

Der Name »Goldenes Dreieck«, wo Thailand, Myanmar (das ehemalige Burma) und Laos aneinandergrenzen, kommt von dem Drogenhandel, der in dem Grenzgebiet blühte und teilweise noch immer blüht. Bei vielen Angehörigen der Bergvölker gehören Drogen zum Alltag. Die Alten rauchen Opium oder kauen die billigen Betelnüsse. Die Jungen ziehen immer häufiger die Zivilisationsdroge Alkohol vor, so sie etwas Geld haben. Wer einmal zu Gast ist bei einem der Stämme im Norden Thailands, wird spüren, wie wichtig Drogen und Drogenhandel traditionell waren und zum Teil immer noch sind. Trotz drastischer Veränderungen in den letzten Jahren und großer Irritationen: Die seit Jahrhunderten wichtigste Einnahmequelle vieler Bergvölker ist der Anbau von Schlafmohn. Das daraus gewonnene Opium wird an versteckten Stätten verarbeitet und über die grüne Grenze in den Westen geschmuggelt.

König Bhumibol Adulyadej ist es, der seit Jahren die Völker im Norden besucht, Aufklärungsarbeit betreibt und zu einer sinnvolleren Nutzung des Bodens antreibt. Viele Stämme haben sich inzwischen fest angesiedelt, bauen Kaffee, Obst oder Gemüse an – und verdienen inzwischen auch am Besuch von Touristen. Zum Teil liefern sich die

Die Knospe des Schlafmohns liefert Opium.

Im Norden leben mehrere Volksstämme mit jeweils eigener Tradition und Kultur: das Lahu-Dorf Huai Pong.

Drogenkönige mit der thailändischen Armee aber auch erbitterte Gefechte um Mohnfelder, die von der Staatsarmee abgebrannt werden sollen, von den Privatsöldnern der Drogenbosse oftmals aber verteidigt werden. Immerhin konnte der König durch seine unermüdliche Arbeit die Produktion von Opium deutlich drosseln; waren es früher jährlich etwa 250 Tonnen, dürfte sich der Wert heute auf ein Zehntel reduziert haben.

Der Opiumhandel ist das eine große Problem, die Touristenströme, die in den »Menschenzoo« Nordthailand pilgern, das andere. In die abgelegene Heimat der Stämme dringt mehr und mehr die moderne Zivilisation ein. Beinahe jeder Trekkingveranstalter brüstet sich damit, noch nie besuchte Völker anzupeilen. Und das Aufkommen hat mittlerweile gewaltige Dimensionen angenommen: Jährlich platzen rund 100 000 Touristen, vom abenteuerlustigen Traveller bis zum Pauschalurlauber, in den Alltag der Bergvölker. Dadurch verlieren sich Traditionen, die Kultur verändert sich. Die westliche Zivilisation von der Cola-Dose bis zum Walkman wird für viele Einheimische erstrebenswert.

Die Entscheidung, ein Bergdorf zu besuchen, hängt natürlich von jedem einzelnen ab. Restriktionen wären sinnlos, denn Verbotenes lockt in der Regel noch mehr Touristen an. Äußerst wichtig für den Gast in einem Dorf der »Hill Tribes«, wie die Bergvölker umgangssprachlich genannt werden, sind in jedem Fall Sensibilität und Toleranz. Und bedenken sollte man immer wieder: Der Einfluß der Moderne ist gewaltig, und er wird transportiert durch Urlauber aus dem Westen.

Die sechs wichtigsten ethnischen Gruppen unterscheiden sich stark in Herkunft, Sprache und Kultur. Mit fast 250 000 Menschen bildet das Volk der *Karen* den größten Stamm. Die Karen leben hauptsächlich in der Umgebung von Mae Hong Son und entlang der Grenze zu Myanmar bis hinunter nach Kanchanaburi. Sie sind bekannt für ihre farbenfrohe Webkunst, leben in einer mutterrechtlich orientierten Gemeinschaft und sind immer noch streng in den Sitten. Wer in einem Karendorf übernachtet, tut dies üblicherweise auf der Veranda, und zwar ganz streng getrennt nach Männlein und Weiblein...

Ein Ausflug ab Mae Hong Son führt auch zu den sogenannten »Langhals-Frauen«. Sie gehören zu dem kleinen *Padaung-Stamm* und sind bekannt dafür, ihre Hälse mittels Messingringen künstlich zu verlängern. Kein Wunder, daß das **Longneck Village** inzwischen touristisch total vermarktet wird: Schon der Eintritt ins Dorf kostet Gebühr. Aber leider bleibt nur der geringste Betrag im Dorf selbst. Kleine Mädchen haben oft Mull unter dem letzten Ring, um den Schmerz besser zu ertragen. Das Leiden für die Schönheit ist mittlerweile eben auch ein Leiden für die Foto-Voyeure. Auch wer auf den Besuch bei den Langhals-Frauen verzichtet, sollte Mae Hong Son dennoch nicht auslassen. Die Attraktion des kleinen Städtchens ist zweifelsohne die wunderschöne Berglandschaft. Der Nachteil: Allein auf Tour zu gehen ist nicht ratsam. In dieser Gegend herrschen die Opiumbosse, und die lassen sich auch von Touristen nicht gerne in die Karten schauen. Es kam deshalb schon des öfteren zu Überfällen. Aber mit dem Anheuern eines ortskundigen Führers ist die Tour kalkulierbar, denn die Guides wissen die aktuelle Situation bestens einzuschätzen und können somit auch den richtigen Zeitpunkt für einen Ausflug festlegen.

Zu den großen Gruppen der Hill Tribes gehören auch die *Meo*, was im Chinesischen soviel wie »Barbaren« heißt. Sie selbst nennen sich »Hmong«, »freie Menschen«. Die etwa 65 000 Hmong siedeln weit verstreut im Norden Thailands, wohnen in ebenerdigen Häusern – und nicht wie die anderen Bergvölker in Pfahlbauten. Bei ihnen wird der westliche Besucher noch die geringsten Verständigungsschwierigkeiten haben. Die Hmong galten immer als Händler und versuchen stets, die Sprache ihrer Partner zu sprechen. Viele verstehen Thai und auch etwas Englisch.

Ein Lahu-Mann gibt sich seinen Opiumträumen hin.

Zivilisationsgüter nutzen sie: Frauen nähen auf Maschinen, transportiert wird mit japanischen Pick-ups, und die Dachantennen zeugen von großer Fernsehlust.

Nach altem Brauch bauen die Lahu Flöten, deren Resonanzkörper ein getrockneter Kürbis bildet.

Durch satte Vielfarbigkeit zeichnet sich die Kleidung der *Lisu* aus. Dieser Stamm bevölkert weite Teile des Nordens und lebt in strengem Patriarchat. Für niedrigere Arbeiten stellen die Lisu Stammesangehörige der Karen oder Lahu ein. Der vermeintliche Reichtum rührt immer noch vom Opiumanbau her. Gäste sollten wissen: Die Lisu lassen sich nur ungern fotografieren, und Männer und Frauen schlafen getrennt.

Sicherlich den schönsten Kopfschmuck tragen die Frauen der *Akha*. Ihre Kapuzen sind mit Silber, Münzen, Federn und Affenhaar geschmückt. Am häufigsten sind die Akha in den Provinzen um Chiang Mai und Chiang Rai anzutreffen. Das Rauchen von Opiumpfeifen gehört zu den großen Vorlieben des Stammes – und dabei wollen sie nicht von Fremden beobachtet werden.

Vornehmlich in der Umgebung von Chiang Rai leben die *Yao*, die wegen ihres Ursprungs noch heute die chinesische Schrift benutzen und oftmals in polygamen Verhältnissen leben.

Auch die *Lahu* kamen aus China in thailändische Gefilde und siedelten sich ebenfalls hauptsächlich rund um Chiang Rai an. Wer sich wundert, warum die Spalten am Boden der Holzpfahlbauten so breit auseinanderklaffen: Die Lahu sind unentwegte Betelnußkauer. Neben dem durch das Kauen entstehenden roten Speichel wandern aber auch sämtliche biologischen Abfälle durch die Ritzen nach unten, wo sie von den Hausschweinen gleich »entsorgt« werden – im Sinne eines Müllschluckers mit Sofortverwertung sozusagen. Für diesen Volksstamm ist der Opiumanbau nach wie vor eine wichtige Erwerbsquelle. Zu den großen Attraktionen in der Umgebung von **Chiang Rai** gehört außerdem der *Mae Nam Kok River*, auf dem man bis zu siebzig Kilometer weit, bis kurz vor die Mündung in den Mekong, auf einem Floß treiben und die nordthailändische Berglandschaft so richtig genießen kann. Der einzige Störfaktor ist, daß manchmal schwerbewaffnete thailändische Soldaten die schönen Touren begleiten. Dann hat die Armee wieder mal ein Mohnfeld abgebrannt und will etwaigen Vergeltungsschlägen vorbeugen.

Die Trauminseln im Süden

Solche Sorgen braucht man sich im Golf von Siam nicht zu machen. Die Inseln Samui, Phang Nga, Tao und der Ang Thong Marine National Park erfüllen Pauschalurlauber-Wünsche, Aussteiger-Träume, Taucher-Begierden und die Vorstellungen von einer perfekt geformten Natur gleichermaßen. Abgesehen von einigen Eilanden der Philippinen dürfte es im asiatischen Raum keine schönere Inselkombination geben als die rund um **Ko Samui**.

»Welcome to Paradise« – mit diesem Slogan werden Besucher empfangen, die über den kleinen Flugplatz im Nordosten in der Nähe der golden glänzenden Kolossalstatue *Big Buddha* nach Ko Samui kommen. Schon von der Luft aus sieht man, was die Trauminsel zu bieten hat: Kokosnüsse und Bilderbuch-Strände.

Die etwa 30 000 Einwohner lebten ausschließlich von ihren rund drei Millionen Kokospalmen und etwas Fischfang, bevor die Touristen einflogen. Verteilt auf knapp vierzig Dörfer und das Inselhauptstädtchen Nathon, bewirtschaften die Insulaner flächendeckend das ganze Eiland. Dabei wird monatlich der Rekordertrag von etwa zwei Millionen Kokosnüssen erzielt.

Seit Mitte der achtziger Jahre gesellte sich zur Monokultur Kokos auch die Monokultur Tourismus. Ebenso romantische wie spartanische Hüttchen ohne Elektrizität, nur wenige Meter vom Ufer entfernt und ideal für Südsee- und Robinsonträumer, sind zwar auch heute noch zu finden (besonders an den Stränden *Mae Nam* und *Lamai*), aber im großen und ganzen bestimmen mittlerweile komfortable Mittelklasseanlagen und Luxusresorts das Panorama. Der Schönheit der Insel-Idylle hat das jedoch keinen Abbruch getan. Immerhin darf kein Hotel höher als eine Palme in den Himmel ragen.

Ko Samui ist eine der schönsten Inseln der Welt – kein Wunder bei diesen Stränden: Etwa ein gutes Dutzend stehen zur Auswahl. Darunter sind drei absolute Traumstrände mit türkisfarbenem Meer, weißem Sand und hochgewachsenen Palmen. *Chaweng* hat das beste Wassersportangebot und

»Langhals-Frauen« – Schönheitsideal der Padaung.

die vielfältigste Infrastruktur. *Lamai* bewahrte seine ursprüngliche Traveller-Atmosphäre und wartet mit skurrilen Felsformationen am südlichen Ende auf. *Mae Nam* gilt als nicht stark frequentiert – ein ruhiges Plätzchen, an dem man die Seele so richtig baumeln lassen kann.

Aber auch *Bophut* und *Big Buddha Beach* im Norden sowie *Tongsai* und *Choeng Mon* im Nordosten sind tolle Strände, die allerdings bei Ebbe zeitweilig nicht zum Schwimmen geeignet sind. Das gilt auch für die gesamte Süd- und Westküste – es sei denn, man möchte sich im Weltklassehotel Mandarin Oriental Ban Taling Ngam so richtig verwöhnen lassen. In dieser idyllischen Oase fernab von allem geschäftigen Trubel vermißt man nicht einmal das bei Ebbe weit zurückweichende Meereswasser am Postkartenstrand...

Lohnenswert ist ein Ausflug in den unbewohnten *Ang Thong Marine National Park*. Er besteht aus vierzig Klein- und Kleinstinseln mit spektakulärer Szenerie unter und über Wasser: Bis zu 300 Meter aus dem Meer aufragende Felsformationen und beste Tauch- und Schnorchelgebiete in glasklarem Gewässer, mal dunkelblau, mal türkis, mal grün schimmernd, erwarten die Tagesbesucher. Das größte Eiland heißt *Wua Talap*, auf dem bizarre Kalksteinhöhlen und der smaragdgrüne Salzwasser-Binnensee *Thale Nai* sehr eindrucksvolle Ausflugsziele sind.

Auf Ko Samuis Schwesterinsel **Ko Pha-Ngan** scheinen die Uhren stehengeblieben zu sein. Langzeitreisende bewohnen Einfachstunterkünfte, dösen in Hängematten oder lesen in kleinen Lokalen unter freiem Himmel: Hippie-Romantik direkt am Strand. Es gibt keinen Flughafen, lediglich ein paar Bungalows, die den Reisenden mit Komfortanspruch zufriedenstellen. Armbanduhren sind verpönt, nicht jedoch das Haschpfeifchen. Und abends, bevor die Sonne im Golf von Siam versinkt, rafft sich die Strand-Gemeinde auf und spielt eine Runde Beachvolleyball.

Landschaftlich ist Ko Pha-Ngan felsiger, urwüchsiger und rauher als die große, sanft anmutende Schwester. An vielen Stränden zieht sich das Meer bei Ebbe weit zurück und macht dann das Schwimmen unmöglich. *Mae Hat* mit der vorgelagerten Mini-Insel Maa, auf die man hinüberstapfen kann, und die zwei sichelförmigen Buchten *Tong Nai Pan Noi* und *Yai* sind die besten Plätze für Wasserratten im Norden. Die Ostküste glänzt mit einer ganzen Reihe von verträumten Buchten und mit Stränden wie gemalt. *Hat Sadet*, *Hat Namtok*, *Hat Yang*, *Hat Yao* und *Hat Yuan*

Blumenfest in Chiang Mai: Spektakel für jung und alt.

Nur erwachsene Akha-Frauen tragen verzierte Hauben.

sind aber ausschließlich für Robinson-Abenteurer ohne jegliche Komfortwünsche geeignet. Für Haschbrüder und Schicki-Mickis zugleich bietet sich *Hat Rin* an. Der östliche Teil ist einer der schönsten Strände im Archipel: hellblaues Wasser, schneeweißer, feiner Sand, breit, sanft abfallend und zwischen zwei dichtbewachsenen Hügeln gelegen. Zum Sonnenuntergang läuft man ein paar Schritte nach *Hat Rin West*. Leider wurde in den letzten Jahren viel gebaut, und leider gehören Drogenparties, oben ohne und Baden im Minitanga zum »guten Ton«, was den Thais gar nicht gefällt. Die verständliche Folge: fast überall unfreundliches Personal. Um den Müll kümmert sich auch niemand. Ein verlorenes Paradies?

Auf **Ko Tao** liegt diese Frage fern. »Die Schildkröteninsel«, so die Übersetzung, weil das Profil bei der Anfahrt mit dem Boot wie ein Schildkrötenpanzer aussieht, ist unberührt wie Ko Samui in den siebziger Jahren. Auf dem 21 Quadratkilometer großen Eiland leben die meisten der 750 Einwohner immer noch von Kokosnüssen und Fischfang. Erst langsam macht sich der Tourismus bemerkbar. Und wenn er das tut, dann bleiben die Einnahmen für Kost, Logis oder Bootscharter auf der Insel. Denn noch haben sich keine Hintermänner und Investoren eingenistet, wie etwa auf Phuket oder auch auf Ko Samui.

Rundgeschliffene Granitfelsen, vergleichbar mit den weltberühmten Formationen auf den Seychellen, etwa ein Dutzend wunderschöne, unberührte Strände, sauberes Wasser und hervorragende Tauchgebiete machen das Eiland zu einem Juwel. Aber der Insel-Edelstein hat einen Haken: Praktisch nirgendwo kann man schwimmen, da die Korallenriffe bis dicht an den Strand heranreichen. Entweder man begnügt sich mit einem Bad im brühwarmen, seichten Wasser oder wartet, bis die Flut am späten Nachmittag Tiefe bringt. Dann kann man haarscharf über die Korallenstöcke schnorcheln – ein einmaliges Erlebnis!

Natürlich hat man die Möglichkeit, mit gecharterten Booten zu himmlischen Buchten wie *Hinwong* im Osten oder zur *Mango Bay* im Norden zu fahren. Auch am *Sanual Beach*, südlich vom Hauptort *Mae Hat* gelegen und zu Fuß erreichbar, kann man bauchtief ins Meer gehen. Und es gibt den »Schwanz der Schildkröte«, *Ko Hang Tao* im Volksmund, offiziell **Ko Nang Yuan** genannt. Eigentlich sind es drei Inseln, ein paar Bootsminuten der Nordwestküste Ko Taos vorgelagert. Zwei 300 Meter lange Sandbänke verbinden die Eilande. Zwei Strände mitten im Meer: vorne Wasser, hinten Wasser. Und die tiefe Blue Lagoon wird umrahmt von haushohen Granitfelsen – ein Bild, das an Südsee-Paradiese erinnert und das Gaugin nicht hübscher hätte malen können. Wenig Palmen, dafür viele Korallen im türkisfarbenen Meer. Drei Inseln, zwei Sandbänke, ein Traum – übrigens auch für Golfspieler vom Festland aus der Provinz Chumphon, die den schneeweißen Strand gelegentlich als Driving Range nutzen. Im sehr gemischten Publikum sind auch einheimische Urlauber stark vertreten. Die gastronomische Auswahl ist klein: Es gibt ein Resort und ein Restaurant. Ko Nang Yuan hat keine Süßwasserquelle. Das Trinkwasser wird von der Hauptinsel herbeigepumpt und auf die Bungalows des einzigen Resorts verteilt. Was tut man nicht alles für ein »hübsches Mädchen«? – wie die Übersetzung von Nang Yuan wörtlich heißt.

Frühstück am Pool: Hotel am Kata Beach auf Phuket.

Ferieneldorado für alle

Bei **Phuket** läßt man das thailändische Wörtchen Ko für Insel meistens weg. Mit einer Größe von knapp 550 Quadratkilometern ist Phuket zwar Thailands größtes Eiland, aber durch die 1967 fertiggestellte *Sarasin-Brücke* ging der Inselcharakter weitgehend verloren. Phuket ist aber nicht nur die größte, sondern auch die bekannteste Insel im Königreich. Touristen aus aller Welt nennen sie in einem Atemzug mit Hawaii, Mauritius, Bora Bora oder der Côte d'Azur. Seit 1989 existiert sogar eine Städtepartnerschaft zwischen dem alt-ehrwürdigen Nizza und *Phuket Town*. In Town, wie das Hauptstädtchen kurz genannt wird, bleibt in der Regel kein Feriengast über Nacht. Hierher fährt man zum Shopping oder wenn nach langen Strandtagen zur Abwechslung mal etwas Geschichte ins Urlaubsprogramm aufgenommen werden soll. Viele der alten Wohnhäuser, die dem kolonialen Stil Malaysias nachempfunden sind, stehen unter Denkmalschutz. Die Bürgersteige sind überdacht und bieten Schutz vor der gleißenden Sonne. Viele Frauen tragen Kopftücher – allerdings nicht primär, um sich vor der Sonne zu schützen, sondern aus Glaubensgründen: Etwa ein Drittel der Bevölkerung von Phuket Town ist muslimisch.

An den Stränden ist von diesem Einfluß nichts zu spüren. Hier trifft sich die Welt zum Entspannen, hier tobt das Nachtleben, und hier blüht die Prostitution fast wie in Pattaya. Phuket ist ein Ferieneldorado für alle. Seinen Weltruhm verdankt es den Stränden an der Westküste. Allen voran natürlich *Patong Beach*, aber auch *Karon* und *Kata Beach* haben jahrein jahraus internationales Publikum, jede Menge Remmidemmi, Hotels der gehobenen bis luxuriösen Klasse und eben die weißesten Sandstrände der Insel. Wer es etwas ruhiger wünscht und sich noch dazu ein Traumpanorama gönnen möchte, dem sei im Süden die *Nai Harn Bay* empfohlen. Sie wird flankiert von zwei Hügeln, verfügt über eine Lagune hinter dem Strand, hat eine gewaltige Brandung und lockt viele Segeljachtbesitzer an. Nai Harn ist auch ohne Palmen der schönste Strand auf Phuket. Die Buchten im Osten sind hingegen für einen Badeurlaub nicht zu empfehlen. Das Meer ist verschlickt und das Wasser deshalb trübe.

Phuket hat aber noch weitere Vorzüge. Nämlich die Umgebung: Taucher fahren zu den **Similan Islands**, die für viele zu den schönsten Tauchgründen der Welt gehören. Unterwassersichtweiten von dreißig bis vierzig Meter sind die Regel. Romantiker flüchten auf kleine vorgelagerte Inseln. Etwa nach **Ko Yao Noi**, wo man am *Long Beach* in aller Ruhe auf einer Bungalow-Terrasse in der Hängematte träumen, am Sandstrand faulenzen oder im Open-air-Lokal einen Banana-Shake trinken kann. Ethnisch Interessierte suchen **Ko Pannyi** auf, das Stelzendorf der Seezigeuner, das für über 1500 Einwohner mitten ins Meer gebaut ist. Ein Netzwerk von Planken verbindet die Häuser miteinander. Allerdings sollte man sich an den vorgegebenen Weg halten, um die muslimischen Chao Le, wie die Seezigeu-

Phuket: Paradiesische Strände laden zum Nichtstun ein.

ner im Thailändischen heißen, in ihrem Alltagsleben nicht allzu sehr zu stören. Natur- und Landschaftsfans finden in der **Phang-Nga-Bucht** unzählige, oft nur per Kanu erreichbare Höhlen und die wohl spektakulärsten Felsgebilde des Landes. Die Namensgebung der Kalksteinformationen geht in vielen Fällen auf die Form zurück: Sie heißen übersetzt »Eierinsel«, »Junger Hund« oder auch »Mädchenbrust«. Selbst die Motivscouts der Produzenten von »James Bond« hat es in die Phang-Nga-Bucht gezogen. Fündig wurden sie auf **Ko Phingan**. Ein umgekehrter Kegel, der wie eine Boje im Wasser steht, gab eine fast surreale Kulisse für Szenen aus »007: Der Mann mit dem goldenen Colt« ab. »Nagelberg« (*Khao Tapu*) heißt der Felskoloß vor der Insel Phingan, die inzwischen landläufig unter dem Namen »James Bond Island« bekannt ist. So menschenleer wie im Film wird man diesen hübschen Flecken Erde allerdings wohl nie wieder sehen.

Wem diese faszinierende Umgebung immer noch nicht genügt, der sollte sich per Boot zu den etwa vierzig Kilometer südöstlich gelegenen **Phi-Phi-Inseln** aufmachen. Für Chinesen ist die kleine **Ko Phi Phi Le** die wichtigere, werden darauf doch an schier unerreichbaren Klippen unter schwersten Bedingungen Schwalbennester geerntet, die, als Delikatesse zubereitet, potenz- und alterssteigernde Wirkung haben sollen. Für westliche Touristen ist die große Insel **Phi Phi Don** das Hauptziel. Hier ist ohne Übertreibung die Südsee in Thailand zu Hause. Das kleine Paradies mit seinen traumhaften, palmengesäumten weißen Stränden, in Idealform wie Sicheln geschwungen und eingerahmt von Bergen, die von dichtem Urwald bewachsen sind, hat die Fremdenverkehrsindustrie allerdings schon in größerem Stil entdeckt. So muß sich ein Robinson auf seiner Trauminsel, die er sich Mitte der achtziger Jahre mit höchstens fünf weiteren Gleichgesinnten teilen mußte, inzwischen mit Müllers und Meiers arrangieren. – Egal ob Robinson, Müller oder Meier: Die Besteigung von einem der beiden Hügel mit wahrlich einmaliger Aussicht sollte niemand versäumen. Die tiefe Bucht *Ton Sai*, in der die Schiffe anlegen und an der sich ein kleines Dörfchen angesiedelt hat, zur einen Hand, die seichte und deshalb heller schimmernde *Lo Dalum Bay* zur anderen: Schöner geht's nicht! Die Aussichtspunkte sind zwar nicht gerade leicht zu erklimmen, und genügend Moskitorepellents sollten auch mitgeführt werden, aber landschaftlich gibt es in Thailand kaum einen schöneren Ausblick.

Nicht ganz so perfekt geformt wie dieses »Original« findet sich ein fast genauso schönes »Duplikat« nahe der quirligen Provinzhauptstadt **Krabi**: Die mit Mangroven bewachsene Bucht von *Rai Leh East* auf der einen und der strahlend weiße Strand von *Rai Leh West* auf der anderen Seite. Am Kap dieser Halbinsel, die nur per Boot zu erreichen ist, krönt die *Phra Nang Cave* das Gesamtbild mit Stalaktiten, Palmen, Dschungel und großen Phallus-Nachbildungen in der »Höhle der Prinzessin«. Dorthin bringen Fischer Opfergaben vor der Fahrt aufs Meer und thailändische Frauen, die sich sehnlichst Nachwuchs wünschen.

Ab Krabi fahren Boote aber auch zu vorgelagerten Inseln und Inselchen, wie dem kleinen **Chicken Island** mit schneeweißem Sand, glasklarem Wasser und einer Sandbank, auf der man bei Ebbe leicht zur dahinterliegenden Insel **Thab** gehen kann. **Ko Poda**, im östlichen Teil schlicht nicht einnehmbar, im westlichen Teil mit korallenübersätem Traumstrand und herrlichen Schnorchelrevieren ausgestattet, gehört sicherlich zu den schönsten Eilanden Thailands. Auf **Ko Lanta** sollte man seinen Badeurlaub auf jeden Fall an der Westküste verbringen, da der Osten mit Mangroven beinahe zugewachsen ist. Am besten sind *Klong Dao* und *Phra Ae Beach*. Die einsame Dschungelinsel **Jum** öffnet sich den Touristen dagegen betulicher. Es gibt sechs Dörfer, ein paar Strände und vergleichsweise wenige Bungalowsiedlungen für die Gäste.

Wer vom Strandleben genug hat und in Sachen Glauben tolerant ist, sollte sich auf den Weg nach *Wat Tham Sua* machen. Eine Treppe führt in ein rundes Tal ohne Ausgang. Zum Teil in Höhlen und zum Teil in einfachen Hütten wohnen über 250 Mönche und Nonnen, die Anhänger einer sehr eigenwilligen, aber mit dem Buddhismus in Einklang stehenden Meditationsart sind: In Wat Tham Sua werden die Werte des Inneren geschätzt. Plakativ hängen überall Fotografien von aufgeschnittenen Leichen und freigelegten Innereien. Im Höhlenkloster ist zudem ein Skelett hinter Glas ausgestellt.

Hummer ist auch auf Phuket eine Delikatesse.

Krabi lockt mit einem echten Naturspektakel: Höhlen, Inselfelsen, Korallenriffs und Strände wie Phra Nang Beach.

Doch nicht nur für Leute, die kuriose Angelegenheiten mögen, ist das Tal den kurzen Ausflug wert. Naturfreunde finden hier riesige Brettwurzelbäume, wobei die größten den würdigen Namen »Tausendjährige Bäume« tragen.

Monument Valley auf hoher See

Vom Schatten der Baumriesen zum Schattenspieltheater, von der Andamanen-See im Westen an die Ostküste zum Golf von Siam oder: von Krabi nach **Nakhon Si Thammarat**. Nakhon, wie die Thais die Stadt kurz und bündig nennen, beherbergt an die 300 der fingerfertigen Figurentheaterkünstler. Die Ursprünge des Schattenspieltheaters liegen im indonesischen Raum, wo die sogenannten Wayang-Kulit-Aufführungen manchmal die ganze Nacht dauern. Im Süden Thailands spielt man kürzere Epen, Geschichten und Anekdoten und oft nur zu bestimmten Anlässen, bei Tempelfesten zum Beispiel. Besonders schön ist das Schattenspieltheater in *Wat Mahathat*, der ältesten und interessantesten Anlage in Nakhon. Sie verfügt über einen Wandelgang mit rund hundert Buddhastatuen und einen edelsteinbesetzten, 77 Meter hohen Chedi.

Hat Yai, nur noch wenige Kilometer von der malaysischen Grenze entfernt, lohnt keinen Besuch, es sei denn, man interessiert sich für das *Monument Valley* auf hoher See. Damit ist der **Tarutao-Nationalpark** gemeint, der ab Hat Yai über das kleine Fischerdorf Pakbara zu erreichen ist. 1939 wurden siebzig Putschisten nach Ko Tarutao gebracht. In der *Taloh Udang Bay* sind noch heute Überreste des Gefängnisses zu sehen, das erst 1972 geschlossen wurde. Abschrecken sollte man sich davon nicht lassen. Zum einen bietet die traumhafte Insel **Bulon Lae** ein privates Resort, und auch auf **Ko Adang** und **Ko Lipe** kann man ausweichen. Zum anderen warten 51 Inseln, die wie die Felsklötze des amerikanischen Monument Valley unvermittelt auftauchen und mächtig in der meist ruhigen See thronen. **Ko Phetra** ist das beste Beispiel: Schroff, zerklüftet und ausgewaschen ragt die Insel aus dem klaren Wasser, in dem sich Delphine tummeln. Auch Wale und Meeresschildkröten werden gesichtet. Oder **Ko Lama**: Bei Ebbe können kleine Boote einen Tunnel unter der Insel befahren, bei Flut der geübte Schwimmer den 188 Meter hohen Felsen unterqueren, als wäre es eine dunkle Grotte. Ko Lama steht wie viele der Kalksteinberge auf tönernen Füßen. Der Archipel ist ein Revier der vagabundierenden Seezigeuner, die – geduldet von den Behörden – ihre Standorte nach Windverhältnissen wechseln. Es sind finster dreinblickende Gesellen, aber wenn die Scheu gewichen und die Neugierde geweckt ist, zeigen sie den Besuchern die besten Plätze zum Schnorcheln und verraten, wo Austern und Langusten zu finden sind.

In der *Crocodile Cave* auf Ko Tarutao leben zwar keine Krokodile mehr, aber bei der Bootsfahrt durch die dichten Mangrovensümpfe zweifelt man manchmal daran. Der Höhleneingang wirkt wie eine halbgeöffnete Muschel. Stalaktiten und Stalagmiten stehen Spalier. Auf dem Weg zum *Tho Boo Cliff* entdeckt der wanderfreudige Hobbynaturforscher weitere Höhlen, die zum Teil von einer immensen Anzahl an Fledermäusen bewohnt werden. Auch Ko Tarutao ist unterhöhlt. Vom 270 Meter hohen Plateau bietet sich eine superbe Fernsicht auf schier zahllose Inseln. Rund sechs Kilometer südlich beginnt Malaysia mit dem Langkawi-Archipel, wo der Massentourismus bereits Einzug gehalten hat.

Wie lange wird es dauern, bis auch die Tarutao-Inseln mit Feinschmecker-Restaurants, schummrigen Bars, Sterne-Hotels und Nummernmädchen bestückt werden? Irgendwann werden Ban Pakbara oder Ko Bulon Lae kein Geheimtip mehr sein, sondern stark frequentierte Ausflugsziele wie heute Phuket oder Ko Samui. Ob man dann noch auf Bootsausflügen von übermütig springenden Delphinen begleitet wird, ist fraglich.

Wer mit dem Floß zum Urwaldtrip startet – wie hier auf dem Mae Nam Kok nördlich von Chiang Dao –, erlebt den Dschungel um so intensiver. Große Teile des Nordens haben trotz Rodung ihren unverwechselbaren Charakter behalten.

Register

Kursive Ziffern verweisen auf Abbildungen.

Personenregister

Akha, Bergvolk 27, *108, 112, 113, 115, 116, 117, 136, 137*

Bergvölker 18, 134ff.
Bhumibol Adulyadej, thailändischer König 20ff., 125, 133f.
Boulles, Pierre, Schriftsteller 125
Buddha, Siddharta Gautama 25f., 71
Burmesen 13, 18, 23, 132

Chamlong Srimuang, Politiker 22
Chao Le siehe Seezigeuner
Chinesen 18, 123
Christen 25, 128
Conrad, Joseph, Schriftsteller 121

Europäer 23f.

Japaner 25, 125

Karen, Bergvolk *31, 109,* 135
Khamheng, König 23, 25
Khmer 18, 23, 129, 133
Kipling, Rudyard, Schriftsteller 121

Lady-Men *78*
Lahu, Bergvolk 110, 112, 135, *136,* 136
Langhalsfrauen siehe Padaung
Laoten 18
Lean, David, Regisseur 125
Lisu, Bergvolk 136

Mahouts 31, *60/61, 63, 64, 65, 107*
Malaien 18
Maugham, Somerset, Schriftsteller 121, 131
Meo, Bergvolk *114, 115, 132,* 135
Mönche 19, *20,* 25f., 28, *75, 87, 99, 110,* 123
Muslime 25, 138

Padaung, Bergvolk *30,* 31, 135
Prasat Thong, König 131

Rama I. (Chao Phraya Chakri), König 24, 27, 57, 121
Rama II., König 27
Rama IV. Mongkut, König 24, 131
Rama V. Chulalongkorn, König 24, 27, 131

Seezigeuner *46, 47, 49,* 138, 140
Sirikit, thailändische Königin 21, 130
Suchinda Kraprayoon, Politiker 22

Tak Sin, König 23f.
Trailok, König 23

Vietnamesen 128

Yao, Bergvolk 136

Orts- und Sachregister

Affen *16,* 29, *122,* 133
AIDS 19, 31
Amphawa 125
– Schwimmender Markt 125
Ancient City 127
Ang Thong Marine National Park 136f.
Angkor 23
Angkor Wat 129
Antiquitäten 28
Archäologie 22f.
Architektur 26f.
Ayutthaya 23, 130ff.
– Viharn Phra Mongkol Bophit 132
– Wat Lokaya Sutha 132
– Wang Luang 132
– Wat Mahathat 132
– Wat Maheyong 132
– Wat Na Phra Men 132
– Wat Phra Si Sanphet 132
– Wat Yai Chai Kongkhon 132
Ayutthaya-Reich 23f., 132

Ban Chiang 22f.
Ban Phe 127
Ban Phu 130
– Phra That Phuttabat Bua Bok 130
Bang Nok Khwaek 125
– Schwimmender Markt 125
Bang Pa In, Palast 131
Bangkok *8, 9,* 13, 16, *18,* 18f., 19, *20,* 21, 21f., 27, 36, *54, 56,* 121ff. *128*
– Airport Don Muang 16, 121
– Chao Phraya *54,* 121f.
– Chinatown 13, 18, 122f.
– Chitralada-Palast 21
– Democracy Monument 22, 122
– Erawan-Schrein 19, 123
– Golden Mount 122
– Jim-Thompson-Haus 27, 123
– Khaosan Road 122
– Königsbarken 122
– Lumpini-Park 123
– Patpong 123
– Royal Palace *56*
– Sanam Luang 8, 19, 22
– Siam Center 27
– Silom Road 123
– Siriaj-Krankenhaus 122
– Smaragd-Buddha 122
– Soi Cowboy 123
– Sukhumvit Road 123
– Thalaat Khao 122
– The Oriental, Hotel 121
– Wat Arun *20, 21,* 122
– Wat Benchamabophit 123
– Wat Bowon Niwet 123
– Wat Pho 122f.
– Wat Phra Kaeo *18,* 22, 24, *56,* 122, *128*
– Wat Saket 122
– Wat Suthat 123
– Wat Trai Mit 13, 123
– Wat Yannawa 123
Bo Sang 23, 28
Brücke am River Kwai *58,* 125
Buddhismus 15, 25ff.
Büffel *68*
Bulon Lae 140

Cha-Am 125
Chakri-Dynastie 27
Chanthaburi 128
Chao Phraya *54,* 121f., 130ff.
Chao-Chamnao-Nationalpark 128
Chiang Mai 23, 25, *70, 78, 79,* 80, *134,* 134, *137*
– Blumenfestival 25, *79*
– Doi Suthep 134
– Elephant Camp 134
– Wat Doi Suthep 134
– Wat Phra Singh 134
Chiang Rai *23,* 26, *96,* 134, 136
Chicken Island 139

Damnoen Saduak 124
– Schwimmender Markt 124
Doi Inthanon *70, 131,* 134
Doi Suthep 134
Drogen 31, 134f.

Elefanten 20, *60/61, 62, 63, 64,* 65, *128,* 129
Elephant Camp, Mae Sa Valley *60/61,* 62, 134
Erster Weltkrieg 24
Essen und Trinken 32ff.

Feste 25, *68, 74, 76, 77, 90,* 130
Fotografieren 17
Friendship Highway 130

Geisterhäuschen 26
Geschichte 22ff.
Goldenes Dreieck 134ff.

142

Hat Yai 140
Hua Hin 125
– Wat Takiap 125

Isan 19, 126, 128ff.

James Bond Island 138
Jum 139

Kambodscha 24
Kanchanaburi 58, 125
Khao Laem Ya, Nationalpark 127
Khao Phloi Waen 128
Khon Kaen 130, *104*, *105*
Kinderarbeit 129
Kino 28
Klima 35f.
Ko Adang 140
Ko Chang 128
Ko Lama 140
Ko Lanta 139
Ko Lipe 140
Ko Pannyi *46*, *47*, *49*, 138
Ko Pha-Ngan 137
Ko Phetra 140
Ko Phi Phi Le siehe Phi-Phi-Inseln
Ko Phingan 138
Ko Poda 139
Ko Samet 127
Ko Samui 35f., 136f.
– Big Buddha Beach 137
– *Bophut* 137
– *Chaweng* 136f.
– Choeng Mon 137
– *Lamai* 136f.
– Mae Nam 136
– Mandarin Oriental Ban Taling Ngam 137
– Tongsai 137
Ko Tao 137
Ko Yao Noi 138
Kokosnüsse 29
Korat 128f.
Krabi *15*, *16*, *37*, *40*, *42*, 139, *140*
– Höhle der Prinzessin *42*, 139
– Phra Nang Cave 139
– Thara Park 16
Kriminalität 15
Krokodilfarmen 124
Kunst 26f.
Kunsthandwerk 134
Kwai Yai, Fluß 124f., *124*

Laem Ngop 128
Lampang *32*
Landflucht 31
Laos 24
Literatur 27
Longneck Village 135

Longtailboats *10*, *17*, *32*, 124
Lopburi 133
– Mahathat 133
– Sarn-Phra-Karn-Schrein 133
– Wat Prang Sam Yot 133

Mae Hong Son 134f., *97*
–Wat Chong Klang *97*
Mae Hong Son, Provinz 31
Mae Khan River *30*
Mae Nam Khok River *31*, 136, *118/119*, *140*
Mae Sai 29, *92*, *93*
Malaria 128
Malerei 27
Mekong *32*, 130, *131*
Monsun 35f.
Monument Valley siehe Tarutao-Nationalpark
Musik 27f.

Nakhom Pathom 124
– Phra Pathom Chedi 124
Nakhon Ratchasima siehe Korat
Naklua 126
Nakon Si Thammarat 140
Nationalparks *104*, *105*, 127f., 136f., 140
Nong Khai *129*, 129f., *131*
Nong Van *113*
Nonthaburi 130f.

Opium *110*, *111*, 134, *134*, 136

Pakbara 140
Pattaya 125ff., *126*, *127*
– Jomtien Beach 126
Phang-Nga-Bucht *6/7*, *43*, *44/45*, 138
Phimai 128f.
Phi-Phi-Inseln *10*, *50*, *52*, 139
– Viking Cave *50*
Phitsanulok 27, 133
– Wat Phra Si Rattana Mahathat 133
Phra Nang Beach 140
Phra-Nang-Bucht *12*, *15*, *37*
Phuket *11*, *17*, 35f., 138, *139*
– Karon Beach *17*
– Kata Beach *11*, 138
– Patong Beach 138
– Phuket Town 138
– Sarasin-Brücke 138

Prasat Hin Khao Phanom Rung 129
Prostitution 15, 19f., 31, 126f., 129, 138

Ramakien 27, 127
Rayong 128
Regenzeit 35f.
Reisanbau 29, *131*
Reisezeit 35f.
River Kwai siehe Kwai
Rose Garden 124

Samoeng *30*, 86
Samut Prakan 124, 127
Schattenspieltheater 140
Seide 130, 134
Si Satchanalei *132*, *133*
Similan Islands 138
Somphran Elephant Grown *127*, 128
Souvenirs 28
Sukhothai 23, *66*, *69*, 133
– Wat Mahathat *69*
– Wat Phra Phai Luang 133
– Wat Sra Sri *68*, 133
– Wat Sri Sawai 133
Sukhothai-Reich 23, 25
Surin 129

Tarutao-Nationalpark 140
Tauchen 138
Teakholz *84*
Thab 139
Thai-Boxen 124, *125*
Thonburi 24, 122
– Schwimmende Märkte 122
Tourismus 30f.
Touristenpolizei 30
Traditionen siehe Verhaltenskodex
Trat 128
Trekking 36, 135
Trockenzeit 35f.
Tuk-Tuks *8/9*, *70*

Ubon Ratchathani 129
Udon Thani 130

Verhaltenskodex 15ff.
Verkehr 31, *33*
Vientiane 130
Vietnamkrieg 19, 25

Wai, Gruß 15
Wat Doi Suthep *23*
Wat Khaek *130*
Wat Tham Sua 139
Wirtschaft 28ff.

Zweiter Weltkrieg 25, 125

Bildnachweis
Axel Schenck, Bruckmühl: Seiten 122 (2), 123 (3)
Jochen Tack/Das Fotoarchiv, Essen: Seiten 126 (2), 127 o. l.

Die Karte auf Seite 120 zeichnete Astrid Fischer-Leitl, München.

Impressum
Bildgestaltung: Joachim Hellmuth
Lektorat: Charlotte Becker, Kathrin Ullerich
Layout: H. Leonhard Guha
Herstellung: Kristina Kaiser
Reproduktionen: Repro Lana, I-Lana
Druck und Bindung: Mohndruck, Gütersloh

©1996 Südwest Verlag GmbH & Co. KG, München
Alle Rechte vorbehalten
Printed in Germany
ISBN 3-517-01830-9